亚洲世纪，如约而至？

Is This the Asian Century?

亚研东北亚
丛书 _ 26

亚洲世纪，如约而至？

李钟和

亚研出版社
高丽大学亚细亚研究所

Jong-Wha Lee
李钟和

李钟和教授现为韩国高丽大学经济学系教授兼亚细亚研究所所长，曾任韩国总统的国际经济事务高级顾问，亚洲开发银行（Asian Development Bank）首席经济学家兼区域经济一体化办公室主任以及国际货币基金组织的经济学家。他在澳大利亚国立大学、哈佛大学以及北京大学从事过教学工作，并曾担任过哈佛大学国际发展研究院、美洲开发银行、联合国开发计划署以及世界银行的顾问。

李钟和教授在国际顶级学术期刊上发表过多篇论文，主要集中在人力资本、经济增长、金融危机和经济一体化等方面。他的近期主要著作有：《危机和复苏—基于亚洲经验的教训》（世界科技出版社，2016）、《教育问题—从19~21世纪国际教育中得到的收获》(与R. J. Barro合著，牛津大学出版社，2015)以及《可持续发展的再平衡—亚洲的危机后挑战》(与M. Kawai合著，施普林格出版社，2015)等。此外，他还是世界报业辛迪加和韩国《中央日报》的专栏作者。

李钟和教授曾在美国哈佛大学获得经济学硕士和博士学位。他在1997年获得了青蓝学术奖(韩国最杰出青年经济学者奖)与韩国每经经济学奖，并在2015年获得茶山经济学奖，现任韩国国际经济学会会长。

目 录

序

2013年春天，我意外地收到了世界报业辛迪加总编Ken Murphy的邀请，定期为之撰写专栏。世界报业辛迪加是我非常喜欢的一个媒体，它为世界各地的决策者与思想家提供交流的平台，与全球读者分享关于当代世界经济、政治、文化与社会等领域具有独创性与挑战性评论。定期撰写专栏的意义非凡，同时也是很大的挑战。用简明易懂的词汇写出内心的知识与想法需要付出更多的时间和努力。因此，撰写较短的专栏往往是比学术研究更加困难的事情。

虽然当时有些犹豫，不过我最终还是接受了Ken的邀请。我很认同Ken所说的观点，即亚洲的决策者和思想家不仅要针对亚洲问题共享观点和知识，而且还要考虑全球问题。由于当时亚洲专栏作者甚少参与“世界意见专栏”，我认为Ken和世界报业辛迪加是想为非西方学者提供一个交流平台和编辑方面的帮助，以使全球读者能够了解到他们的观点和看法。从此，我开始为“世界意见专栏”撰写以亚洲经济为主题的文章。

2007至2010年，离开韩国高丽大学到亚洲开发银行工作的四年时间是我职业生涯的转折点。在职业生涯的大部分时间里，我的工作重点在于向学生传授知识、写作科研性质的期刊论文以及与其他学者分享知识。不过，在亚洲开发银行任职期间，我得到了与更广泛人群交流的机会，其中包括决策者、记者和其他不了解经济术语和经济社会热点的普通人。为了认真履行亚洲开发银行首席经济学家兼经济问题发言人的职责，我通过各种媒介，包括在亚洲决策者会议上的演讲、媒体采访、报社评论等多种渠道走进听众，采用简明易懂的方法对亚洲经济的复杂现状、前景、政策分析等内容进行阐述。比如，2009年初，当全球金融危机席卷亚洲地区时，我访问了亚洲与美国，从经济学的角度解释了亚洲经济体如何出人预料地、更快地实现V型复苏的问题。2010年我在中国多次与中国学者以及政策制定者进行了正式、非正式会议，阐述中国经济为何不可持续保持8%增速的问题的原因，提出了加强宏观经济管理、加快推进结构性改革以实现经济软着陆的建议。

我在2011到2013两年间担任韩国总统的国际经济事务高级顾问，需要与外交官、记者、NGO代表等多种角色进行沟通。期间作为G20峰会事务协调人(韩国总统个人代表)，我出席了多场与G20集团相关的会议，讨论20国集团之间的政策协调。我一直强调在国家、地区、世界层面采取积极政策的必要性，以克服金融危机，以使世界经济从持续低迷、出现大量失业等现状走出去。我还认为，为了创造中长期可持续发展的机会，需要扩大全球贸易规模、确保新兴经济体和发展中国家增长潜力。我确信，在全球经济大萧条时期，地区领导与全球领导之间的信息共享和政策交流有助于各国之间对不同意见进行协调，为全球经济复苏带来一些具体的贡献。World Scientific出版本书的英文版。文中引用资料的出处在英文版中有所注明。

《亚洲世纪，如约而至?》这本书由我从2012年起在世界报业辛迪加专栏里投稿的25篇文章组成，这些文章大体可分为如下4个大主题：

- 第一部分：增长与结构调整
- 第二部分：经济一体化与合作
- 第三部分：管理、货币与金融
- 第四部分：教育与社会

21世纪以来，“亚洲世纪”成为流行词。在全球生产、贸易以及投资方面，亚洲地区的经济实力持续增强。从人口规模和持续扩大的政治经济实力来看，亚洲似乎开始颠覆几个世纪来西方统治的世界秩序，并将最终占据21世纪舞台中心。不过，由于2008~2009年全球金融危机之后，亚洲经济体也遭到危机溢出效应的影响，出口导向型发展战略的可持续性也遭人质疑。

从这个角度出发，本书对亚洲世纪能否到来，亚洲国家如何应对等问题进行分析。我将分享对于亚洲经济转型问题和亚洲社会文化变化等方面的观点，进而为亚洲经济需要克服的主要经济、社会挑战提出解决方案，以使其在21世纪实现更加稳定、可持续的增长。目前，亚洲经济增长已进入了新旧模式转型的关键时期，需要同时考虑金融稳定、快速增长、收入平等以及环境可持续性等多种因素。作为本书的作者，我希望书中文章能为全球领导人提供亚洲经济的相关知识和建议，为有关亚洲经济未来的政策讨论做出贡献。

我衷心感谢Ken Murphy和世界报业辛迪加工作人员所付出的辛苦，他们的工作增加了初稿的可读性，并将之翻译成中文及其他语言。在讨论与编辑方面，我还得到了張濼与宋澋妃的帮助，在此深表感谢。此外，我在准备手稿过程中得到赵彗仁，曹裕静与玄春姬的帮助，也在此致以谢意。

第一部分

增长与结构调整

Patrick Foto / Shutterstock.com

捍卫亚洲的增长

Originally published in *Project Syndicate*, August 21, 2012.

新兴亚洲国家应该为它们的经济韧性自豪。尽管全球经济受着增长疲软、失业居高不下以及债务负担沉重的困扰，2000~2010年间亚洲新兴和发展中经济体的平均年增长率仍达到了6.8%，提振了全球产出，支持了全球经济复苏。

亚洲地区的成功以中国和印度的增长活力为基础，两国相加占据了亚洲60%的总GDP(用购买力平价衡量)。此外，经济政策变化和1997~98年亚洲金融危机后实行的结构性改革极大地降低了该地区过去十年中面对金融冲击的脆弱性。

但亚洲不能因此自满：亚洲金融系统仍然脆弱；经济仍背负着巨额财政和经常项目赤字的包袱；仍然过度依赖于北美和欧洲出口市场，这使得亚洲对外部冲击相当脆弱。

此外，如果欧元区状况持续恶化，亚洲可能受到严重影响。贸易和金融传递渠道的溢出效应已经开始显露：2012年，中国GDP增长率只有7.6%，反映出极大的减速，而印度今年的增长率预计将跌至约6%。

中国拥有强大的内需潜能和充足的政策空间，这有助于它避免硬着陆。中国已经积极地放松了其货币政策，还可能进一步实施财政刺激。但是政策管理失当和金融部门和地方政府的结构性弱点将削弱捍卫增长的努力。

与此同时，印度受困于财政赤字高企和挥之不去的通胀压力，没有多少空间可以用于扩张性政策，此外还面临实施可信结构性改革的重大挑战。

这对亚洲其余国家来说具有重大影响。在过去三十年中，日渐加深的经济和贸易一体化提振了该地区的经济增长。比如，全球供应链的细分生产刺激了中间产品的贸易，也促进了外国直接投资。但是，如今，更紧密的经济一体化意味着中国和印度增长放缓会减少整个亚洲地区的就业机会、放缓减贫速度。

面临着发达国家需求疲软的状况，亚洲经济体正致力于通过转向国内和地区市场实现增长资源的再平衡。结果，地区内贸易增长率超过了总体贸易增长率，如今，亚洲内部贸易已占亚洲贸易总额的一半以上。

但中国在地区产品分工网络中装配中心的角色意味着它正在成为自发冲击之源，对商业周期波动具有持久的大影响。

那么，亚洲新兴经济体应该采用什么政策减少它们对地区和全球波动的脆弱性?

最紧迫的挑战是捍卫金融系统抵御外部冲击的稳定性。政策改革应该将目标设定在增进市场透明度、改善风险管理、强化有效监督和监管上。

其次，新兴国家必须发展出更有效的宏观经济框架，包括更好的宏观审慎监管以及考虑资产价格和金融市场稳定性的货币政策框架。多种正式措施都可以用于支持内需、同时保护中期财政稳定性。此外，为了解决资本流剧烈波动的问题，各国应该增加汇率弹性，保持充足的国际储备，并实施精心设计的资本管制。

第三，新兴经济体必须进一步重新平衡其资源和增长。降低对外部需求的依赖—比如，通过刺激私人部门投资和鼓励家庭支出—是一大关键。支持中小企业、帮助产业适应内需的供给面政策对于确保包容性和可持续增长也很重要。

最后，增强地区和全球金融合作—包括G20和IMF更紧密的政策协调—将有助于各国更有效地应对冲击和危机。东盟+3(中国、日本和韩国)共同出资建立的2400亿美元多边储备资金池便是一项关键性的地区计划，可以为有需要的成员国提供短期流动性。地区流动性供应和经济监督的制度性安排必须得到增强。

亚洲人不必感到悲观；中国硬着陆、美国二次探底和欧元区解体的完美风暴不可能发生。但这并不意味着不可能发生全球同步衰退。只有未雨绸缪的改善风险管理的政策才能让亚洲国家保护其经济增长，不致于受到当前和未来危机的威胁。

alexmillos / Shutterstock.com

安倍经济学和亚洲

Originally published in *Project Syndicate*, April 8, 2013.

日本首相安倍晋三的经济日程—即所谓的“安倍经济学”—似乎会在日本起效。人们预计扩张的货币政策会一直向日本经济注入流动性，直到通胀达到日本银行2%的目标，而扩张的财政政策也会持续，直到经济复苏站稳脚跟。

结果，消费者和投资者信心在恢复。去年11月确定将由安倍组建下一届政府以来，日本股市反弹40%，出口和增长也有所抬头。在出口缺口大而通胀压力小的情况下，扩张性政策显示出重振经济活动的巨大潜力。

但其他国家—包括亚洲邻国—担心日本在贬值日圆，以它们为代价提振出口和增长。有人指责日本助长了全球“货币战争”。对激进货币扩张的预测使日元大幅贬值，在短短四个月内对美元贬值近20%。

当然，日本的走出15年通缩陷阱和20年经济停滞对于世界来说是个好消息。日本仍是世界第三大经济体，第四大贸易体，和邻国中国和韩国的第三大出口市场，中韩两国都将因“安倍经济学”重振日本内需而获益。更广泛地说，由于欧洲滑向衰退以及世界贸易量增长缓慢，日本重回增长、出口需求走强有助于支持全球复苏。

问题在于安倍经济学是否能够达到目标，同时又不动摇世界经济，特别是亚洲邻邦。要达到这样的效果，日本决策者必须专注于更加可持续的增长，同时避免陷入与贸易伙伴国竞相贬值和保护主义的恶性循环。特别是，扩张性货币和财政政策—从短期看是有利的—必须辅之以基本结构性改革。

过去20年中，日本的通缩和经济停滞的主要原因是金融系统功能失调以及私人需求不足。20世纪90年代的资产泡沫破裂让日本金融提醒和私人部门背上了沉重的债务负担步履蹒跚。在金融业、家庭和公司部门资产负债表不振问题解决后，复苏才开始出现。可持续增长要求持续的私人部门需求。

货币宽松和财政刺激，加上重塑私人企业财务健康的结构性措施，能够刺激家庭支出和企业投资。事实上，真实汇率贬值对增长的影响是短期的，除非出口部门公司利润的增加能提高家庭消费和投资。但如果更高的通胀和货币贬值抑制了投资者对日本政府债券的胃口，从而推高了名义利率，那么金融和财政不稳定的风险也会升高。

这就是为何“安倍经济学”的成功不取决于激进货币扩张和财政政策所提供的短期刺激，而取决于提振竞争力和创新并战胜人口老龄化的消极影响的结构性改革计划。

当然，日本并不是唯一一个用汇率政策保持出口竞争力的国家。许多发展中经济体当局都实施了货币市场干预以阻止汇率升值和出口竞争力损失。但如果日本开始直接干预全球货币市场以确保弱势日元，邻国竞争者也会以同样的政策作为回应。货币战争和保护主义的危险不容低估。

最近，韩元对日元汇率升至2011年8月以来的最高水平，韩国政府和商界领袖担心韩元的走强会伤害重要出口部门，包括汽车、机械和电子产品。韩国某研究所的一份报告显示，如果日元-美元汇率达到2007年的平均水平118附近，韩国经济将陷入衰退。

此外，日本银行、美联储和欧洲央行的无限制量化宽松也增加了资本流波动性升高和亚洲新兴市场资产泡沫的风险。中国决策者对通胀和房地产泡沫风险的增长表示了严重关切。

当前微妙的局面可能升级为进一步的货币干预、贸易保护主义和资本管制。以邻为壑政策会导致总贸易量的下降，产生一场无人捞得到好处的零和博弈。毕竟，日本出口依赖于新兴和发展中市场，光是东亚就占了日本海外销售的近半壁江山。

地区经济将从更紧密的汇率和货币政策合作中获益。应该更加积极地利用G20和东盟+3(东盟国家加上中日韩)等机制进行政策对话和监督。这样，假以时日，东亚经济体能够相互合作增强地区汇率稳定，从而创造更有利于地区内贸易的环境。

日本经济终于开始启动了，这对亚洲和世界来说都是件好事。但是，尽管日本活力有所恢复，但复苏的好处极有可能是短暂的，除非找到一条可持续的合作增长之路。

Image Team / Shutterstock.com

亚洲的再平衡举措

Originally published in *Project Syndicate*, September 23, 2013.

中国经济的快速增长无疑让其余亚洲国家受益良多。事实上，在过去三十年中正是中国的强劲需求支撑其贸易伙伴实现了大幅的出口带动型增长。但如今面对中国经济增长放缓以及明显的下行风险，亚洲其他国家必须放弃过分依赖出口导向型的发展战略，并努力确保国内和区域内的稳定可持续增长。

中国的漏洞和风险—源于房地产泡沫、影子银行，以及地方政府债务—不仅导致其国内对危机的担忧不已，还引起了各亚洲邻国的忧虑。事实上，有些人预测中国会爆发银行或财政灾难；其他人则预测中国经济会长期停滞，相当于日本迷失的十年。

这些“硬着陆”的都属于极端情况。但未来的道路将是坎坷且充满不确定性的。没有人可以保证李克强总理的去杠杆化和结构改革会成功。就算已经制订了最完美的计划，也可能被外部冲击，政策失误以及政治不稳定所打乱。

无论如何，中国的高增长记录都已经无法持续了。即使其实现了“软着陆”，在未来几十年内的年产出增长都将放缓至5~6%。标准经济增长理论预测会出现人均国内生产总值的“收敛”：一个快速增长的国家最终也难以保持较高的就业率，资本积累和科技进步。

在中国，新增劳动力由于出生率下降和人口老龄化而下降。资本回报率的减少会降低投资比率。中国也许能够依靠政策改革来促进生产力增长；但由于其创新能力相对较低，它将很难赶上前沿技术。

中国不可避免的经济增长放缓，伴随着一个巨大的尾部风险，威胁着日益相互依存的亚洲经济体的稳定增长。如今亚洲内部贸易占了亚洲贸易总额的一半以上。此外，直接投资和资金流动也进一步推动了经济的相互依存。

亚洲内部贸易的兴起反映了中国在东亚生产网络中的核心作用。从2001到2011，中国占韩国出口份额从12%增加了一倍，至24%；占日本出口份额的增长则更快，从8%上升到20%。因此，中国已成为韩国最大，日本第二大的出口市场。同时，它这也是东南亚国家联盟(东盟)所有十个成员国的最大贸易伙伴。

不断深入的亚洲各经济体贸易金融一体化让它们越来越容易受到中国的增长冲击，其中大宗商品出口商和资本货物尤其脆弱。事实上，亚洲开发银行的一份研究表明，由于中国GDP每增长1%就会带动东亚新兴经济体GDP增长约0.6%，因此中国对个别亚洲经济体所造成的冲击比全球化的冲击还要更大更持久。

在投资方面，国际货币基金组织预测中国投资热潮的中断将对其贸易伙伴产生不利影响。预计中国的投资率每下降1个百分点将使台湾GDP增长率下降0.9个百分点，韩国的GDP增长率下降0.6个百分点。

如果中国能成功重新平衡其经济，转变为以消费为基础的增长，它的贸易伙伴就可以从一个巨大的零售市场极大获益。但只要中国的进口占最终消费仍然维持在低水平，那么消费品出口国的直接收益将很小。

为了迎接即将到来的中国经济放缓和试图降低区域不稳定风险，亚洲经济体必须扩大内需，减少对中国出口的过度依赖。换句话说，可持续增长需要亚洲所有的中国依赖型经济体重新平衡自身的两大经济增长引擎。

为扩大内需，亚洲包括中国都必须重新分配资源和转变经济结构。强化社会安全网，扩大和深化金融市场，支持中小企业这些都可以扩大内需。同样，服务业自由化对促进生产力和创造工作岗位至关重要。总之，财政、金融和结构改革的实施，可以缓解中国经济放缓的溢出效应。

但同时还必须开辟一块旨在加强区域协调的二次改革战场。由于贸易和金融渠道不断扩大，经济的冲击可能比以往蔓延的更为迅速，因此所有亚洲国家必须保持一个良好的宏观经济环境。

也许最重要的是，深化区域经济一体化要求在宏观经济和金融监控方面实现更加紧密的合作，正如《清迈多边化倡议》(Chiang Mai Initiative Multilateralization)所设想的那样。亚洲国家必须对彼此进行协调和公正的检视以降低风险爆发的可能性并发现新出现的漏洞。

中国一以及亚洲其他国家一的长期增长潜力可不是确定的。要实现这种潜力的最大化不仅需要个别国家解决自身弱点和重新平衡增长来源，还需要各国建立和加强区域机制去管理整体经济的一体化状况。

xtock / Shutterstock.com

印度的中国梦

Originally published in *Project Syndicate*, July 24, 2014.

近几年来，中国和印度都成长为全球经济超级大国，其中中国更为领先。但是，随着中国增长减速以及结构调整需要日益尖锐，印度新总理莫迪的经济改革措施能让印度赶超中国吗？

自20世纪80年代以来，中国经历了前所未有的经济增长，其动力来自充足的低成本劳动力、高储蓄和投资率、重大市场改革、外向型政策以及审慎的宏观管理。中国领导人现在希望通过发展技术更先进的产业让中国迈入高收入国家行列。

印度经济表现没有中国那么引人注目。印度经济增长自20世纪90年代初开始大幅加速，动力来自贸易自由化和其他经济改革。接着，印度的改革出现了停滞，财政和经常项目赤字飙升，年GDP增长回落到4~5%。

结果是中国跑在了印度前面，去年中国人均收入达到了11,850美元，是印度的5,350美元的两倍多。问题在于莫迪刺激增长的政策是否能在未来几十年缩小两国的收入差距。

印度最重要的有利因素是“人口红利”。在中国，人口老龄化和低生育率已经造成主要工作人口—即15~59岁人群—开始下降。从2015年到2040年，这一群体预计将减少1.15亿人以上。与此同时，印度主要工作人口将增加1.9亿人。

但中国之所以能够实现使其成为世界第二大经济体的增长，并不只有利人口结构的功劳。印度领导人必须发展全面计划，消除经济竞争力壁垒，扩大制造业的就业机会，并改善工人的教育和技能。

目前，印度在全球经济竞争力排行榜上名列第60，远低于中国的29名。而中国的名次与韩国(25名)和法国(23名)等高收入国家相当。个中原因不难理解：印度长期经济繁荣基本动力不足。

事实上，尽管出现了稳步改善，但印度公共健康和教育水平仍然十分低下(名列第102)。此外，缺少足够的交通、通信和能源基础设施(第85名)也制约了印度的生产率增长。印度在产品和劳动力市场效率(分别名列第85和99)上也落后于中国。只哟克服这些劣势，印度才能吸引到足够的投资提振经济增长。

与此同时，印度应该扩张劳动密集型制造业，从而为日益增加的劳动力大军创造就业机会。制造业只贡献了印度总产出的15%，而中国为31%，因此在这方面印度大有可为。

从这个角度讲，印度具有可以向中国取经的优势。中国通过建立强大的劳动密集型工业基础、将工人从农业转移到制造业和建筑业以及改善全部门生产率实现了农业经济的转型。如今，农业部门只贡献了中国总就业的三分之一，而印度为二分之一。

印度的结构转型和可持续增长将取决于其建立灵活劳动力市场的努力，其核心是放松过时而复杂的就业法。印度正式部门的工人法定保护比大部分发达国家都要大，也比中国要大，强制要求随着雇员人数的增加而增加。巴格瓦蒂(Jagdish Bhagwati)和帕纳加利亚(Arvind Panagariya)指出，劳动力市场的过度监管让印度企业家不敢雇用低技能工人和发展劳动密集型制造业，这意味着印度政府需要在这方面加倍努力地实施改革。

同样重要的是，印度工人—特别是年轻人—需要持续提高技能的机会。据麦肯锡全球研究所(McKinsey Global Institute)估计，到2020年全球将出现9亿低技能工人供给过剩，其中2.7亿在印度。与此同时，印度还将面临1.3亿中等技能工人短缺。

尽管印度的教育正在发展，特别是在初高中教育方面，但印度高等教育体系—包括技术和职业教育与培训—仍然不足。尽管印度公共职业教育和培训体系已得到了很好的制度化，但缺少必要的规模、课程、资金和激励让年轻工人满足快速全球化和科技进步的要求。

好消息是莫迪似乎决心要通过改善商业环境提高印度的竞争力。比如，他已经宣布了刺激保险、防务和通信方面的外国直接投资的措施，包括提高基础设施支出和新的鼓励储蓄和投资的税收激励。印度政府还继续前任强化职业教育和技能培训的政策。

莫迪的计划所欠缺的是大力关注扩大印度的劳动密集型行业。这将与计划中的改革一起让印度能够抓住有利的人口结构所带来的机会，实现中国式增长。

ESB Professional / Shutterstock.com

开启韩国新的增长引擎

Originally published in *Project Syndicate*, January 26, 2015.

在过去半个世纪里，韩国已成为发展中国家的典范，举世瞩目的经济增长令其登上全球第八大贸易国的宝座并实现人均收入26,000美元。但最近韩国经济却举步维艰，国内生产总值过去十年来年均增长仅为3.6%—较之1965~2005年成功保持的8.1%的年增长率大幅下滑。而且经合组织预测韩国年增长率仍将进一步下降—在今后几十年内降至约2.5%左右。

但预测并非不可改变。凭借培育更多元化增长源泉及减少对出口和大型企业过度依赖的全新经济战略，韩国完全可以重振经济并保持强劲增速。

过去50年韩国的经济表现主要归功于良好的基本面，包括高储蓄率、雄厚的人力资本、健全的制度和审慎的财政和货币管理政策。贸易开放提供了廉价的进口中间产品，更广阔的市场和先进的技术，并因此促成了该国制造业生产率的快速增长。以绩效为基础的激励措施推动韩国在全球市场的比较优势不断提升。

问题是上述政策导致韩国的经济增长过度依赖出口。出口占2013年韩国国民收入总值的56%左右，而该比例在2002年仅为34%，1970年仅为15%。这样一来，韩国经济非常容易受制于外部需求的变化—2008年全球经济危机期间这一事实变得尤其显著。

韩国与中国的关系完美演绎了它所面临的挑战。中国在韩国出口总量中所占的份额随着中国的经济增长而大幅飙升，从2001年到2013年间实现了翻番，从12%增长到24%。但中国经济最近已经开始放缓，预计其未来几年的增长轨迹远不及过去30年那样陡峭。

此外，通过鼓励发展在技术上更为先进的行业，如电子、信息技术、汽车、半导体、造船和高端钢铁制品，中国对韩国造成的竞争越来越激烈。中国升级自身增长模式的努力，加之发达经济体可能陷入长期停滞，引发了人们对韩国发展前景的严重忧虑。

让问题变得更为严重的是韩国制造业和服务业之间的显著失衡。虽然服务业占到就业人数的76%，但生产力低下限制了其对整体经济增长所做的贡献。事实上，服务业人员人均附加值仍然仅有制造业的40%，且1980年至2010年间的年均生产率增长仅为2%—远远落后于制造业8.2%的年均增长率。

在此背景下，韩国新增长战略的目标应当是实现需求领域的再平衡和供给领域的生产率提高。

在需求领域，韩国必须着手提高每家每户的开销。这就需要扭转中等收入家庭比例急剧下降的趋势，该比例从1990年的75.4%下降到今天的67.5%。因为超过半数的家庭月开销高于月收入，家庭负债因此迅速攀升，现在在可支配收入中占比已达160%以上—这在经合组织国家中名列前茅。实现闲置企业储蓄向家庭转移和削减低工资临时和兼职人员数量能够扩大内需，并减少收入不平等现象。

旨在提高女性劳动力占比和降低私人教育支出的政策也将发挥作用。与此同时，韩国应努力改善投资环境，特别是提高中小企业(SMEs)服务业投资的数量和质量。

在供应领域，以刺激生产力增长为目的的结构改革可以，举例来讲，重点发展现代服务业，包括医疗保健、教育、电信、事务处理以及法律和金融领域的服务。放松产品法和降低外国投资门槛将加快竞争和科技创新的脚步。

韩国还必须消除初创企业所面临的障碍。为此，政府必须纠正风险资本市场所存在的缺陷，并在培养劳动力技能的同时鼓励创业。政府还必须面对由家族控制的巨型财团—如现代、LG和三星—这些企业在为快速工业化和科学技术进步做出显著贡献的同时也抑制了初创及中小企业的竞争，扼杀了活力和创新的源泉。必须制定更严格的规则来改善公司治理及防止财阀下属公司的不公平做法。

韩国现在正处在十字路口。虽然2013年执政的朴槿惠总统政府已经推出了众多经济措施以打造“创意经济”，但迄今为止它们的影响仍然微乎其微。但她的政府依然有三年时间推行支持服务业、初创企业和中小企业等韩国全新增长引擎兴起的改革，上述行业能在今后30年为韩国提供更有活力的创新经济。

Project Syndicate

遏制中国减速

Originally published in *Project Syndicate*, September 23, 2015.

专家们喜欢争论中国经济的增长前景，如今是悲观派占据上风。但许多人的预测是基于其他经济体的经验，而在过去三十年中，中国一直在打破经济增长的常规。那么，中国经济前景真如主流观点所认为的那么糟糕吗?果真如此的话，怎样改善其经济前景?

中国的状况毫无疑问是严重的。去年经济增长率为7.4%，是1990年以来的最低值；今年也不可能达到7%的官方目标。此外，据国际货币基金组织(IMF)的数据，2016年经济增长率只有6.3%。显然，国内活动疲软和外部需求下降的影响正在显现。

中国还在失去长期增长动力，生育率和投资回报率的下降抑制了劳动力扩张和资本积累。并且中国利用技术驱动的生产率进步也越来越困难。

所有这些挑战让美国财政部前部长劳伦斯·萨默斯(Lawrence Summers)及其哈佛大学同时兰特·普利切特(Lant Pritchett)认为，根据“回归均值”理论所隐含的历史增长模式，中国增长在未来二十年可能下降至2~4%。但是，到目前为止，中国的增长模式一直是“不走寻常路”，因此它一夜之间回归常规轨道似乎也不太可能。

类似地，世界银行前首席经济学家林毅夫的观点也有缺陷。林毅夫认为，中国可以继续以每年8%的速度增长二十年，因为它拥有持久的“后发优势”，这一优势与其他因素一起，通过技术赶超美国带来生产率的快速提高。但这一观点没有考虑“条件趋同”的标准增长理论：只有拥有可比结构特征(比如劳动力技能和制度质量)的经济，它们的人均收入水平才会趋同。

出于这些原因，我提出一个较为中庸的观点。我预测，到2030年，中国平均潜在GDP增长率将下降至5~6%。这一预期基于一个条件趋同框架，而该框架又基于过去三十年中国独特的增长经验以及其他经济体的增长经验所产生的数据。

和林毅夫不同，我认为难以避免的中国经济减速很快就会到来。但是，和萨默斯不同，我不认为前景必然苍凉。这一情景的关键是中国领导人让中国经济转向更平衡、可持续的增长路径，以现实的预期为基础。他们决不能错误地处理不可避免的挑战，比如那些来自国内制度缺陷、政治不确定性和外部冲击的挑战。

任何有效战略的第一步都必须承认，对于如此庞大和不可预测的经济体，政府不能依赖直接干预或宏观经济政策。相反，政府必须实施改革以刺激生产率、抵消增长的下行压力。

要素市场—劳动力、土地和金融—改革十分关键。中国领导人必须改善劳动力市场灵活性和劳动力流动性；提高土地使用、兼并和补偿效率；并构建一个更加市场化的金融体系。

目前，中国的金融体系受到严格监管并由银行(其中许多为国有银行)主导。要改变这一点，政府需要推进基于市场的信用配置。中国需要灵活高效的金融部门，以有效监督和监管的资本市场为基础，以此避免资产泡沫、支持生产性和创新性企业。

类似地，促进持续技术创新和产业升级的政策可以提高生产率。而增加国内研究能力—比如通过强化知识产权保护—能够培育创新。

改革中国巨大的国有企业部门也能够刺激生产率。最近宣布的国企改革是令人振奋的一步。除了促进包括民营资本在内的混合所有制、强化公司治理和便利商业经营，国企改革还承诺向非国有投资者开放能源、资源和通讯业。新一轮国企改革应该坚决贯彻下去。

随着中国从投资和出口拉动型增长转向基于国内消费和服务

德尔更加可持续的增长模式，这些提高生产率的措施是至关重要的。重新配置资源，使其从出口导向型行业流向服务业可能导致生产率不可逆转地下降。类似地，鼓励企业提高工资的政策将增加家庭收入和国内消费，但涨工资也可能侵蚀出口竞争力，阻碍外国直接投资的涌入。光靠再平衡政策无法大幅提高平均产出增长率，因此，对于中国的长期前景，强化生产率至关重要。

中国之谜的最后一块拼图是现实主义。目前，中国政府急切地要保持每年7%的漂亮增长数字，同时又要推进再平衡和改革。风险在于，在改革措施起效前，当局仍可能需要依赖短期刺激以实现增长目标，从而加剧资源配置不当和结构性弱点。考虑到去年中国总债务水平已达GDP的282%—已经超过了美国—影子银行部门继续鲁莽地向地方政府和民营企业借贷可能给经济带来金融危机的危险。

要避免这一结果，中国应该在未来几年将增长目标降至6%左右。这样一来，它就可以追求让经济走上更平衡和可持续的长期增长之路所需要的深度改革。

Project Syndicate

韩国正在成为日本吗?

Originally published in *Project Syndicate*, November 17, 2015.

最近，韩国的经济表现令人失望。在经历了40年年均高达7.9%的GDP增长后，2000~2010年平均增长率下降到4.1%，自2011年以来更是只有3%。这让很多人质疑韩国是否正在迈向日本所谓的“失去的几十年”—长期通缩和停滞。这一苗头刚刚开始浮现。

今天的韩国和20年前的日本具有不容否认的相似性。事实上，从经济角度看，不论好坏，韩国常常在日本身后亦步亦趋。在这方面，日本的经验可以拯救韩国—如果韩国领导人将日本经验视为应该规避的教训的话。

日本的乱象根源在于房地产和股票泡沫。1985年的广场协议导致日元升值、损害了日本的出口，因此日本采取了货币扩张刺激内需，结果助长了这些泡沫。20世纪90年代初，泡沫破裂，给私人部门留下了巨大的积压债务。除此之外，日本生产率增长停滞不前、需求疲软、人口快速老龄化，呈现出一片衰败迹象。

一开始，日本当局再次转向财政和货币扩张。但财政政策常常以非生产性项目为目标，如农村基础设施建设，而银行体系的疲软妨碍了货币刺激的效果。结果，20世纪90年代平均经济增长率只有1.1%，远低于80年代的4.5%。

21世纪初，日本首相小泉纯一郎政府采取了激进措施解决金融和公司部门的根本问题。尽管如此—更不用说中国GDP高速增长带来的刺激作用—2001~2010年日本经济年均扩张幅度仍然只有0.75%。

2012年安倍晋三出任首相并启动其被称为“安倍经济学”的三管齐下复苏战略以来，情况似乎有所好转。安倍经济学包括积极的货币宽松、财政扩张和结构改革。股价上涨了80%多。日元兑汇率从78贬值至123，刺激了工业产品出口，并反过来提振了公司利润。于是，就业率和工资也开始升高。

现在，安倍正准备扩大这些措施，解决日本经济的主要拖累因素。所谓的“安倍经济学2.0”包括提高生育率(免费学前教育、支持受孕治疗、扩大单亲家庭支持)和减轻人口老化相关问题(提高社会保障、为退休者提供更多就业机会)方面的政策。

但日本经济还远未走出困境。相反，去年GDP收缩0.1%，预计今年GDP增长也只有0.6%。此外，尽管日本银行仍在以每年80万亿日元的规模购买政府债券，但仍未能实现2%的通胀目标。日本债务-GDP之比高达240%(并且还在上升)，仍是世界最高水平之一。

安倍经济学2.0没有成功，因为年轻人没有信心能够支持规模扩大的家庭，结婚生育越来越晚。在这一背景下，许多人认为要想阻止日本人口从当前的1.27亿减少到1亿人以下—安倍的官方目标—日本就必须接受更多的移民。对于十分珍视同一性的日本来说，这绝不是一件小事。

简言之，日本有一些保持希望的理由，但其状况并不令人羡慕。而如果韩国稍有差池，就会陷入同样的状况。

韩国采取了许多与日本一样的发展战略—包括出口导向型政策和大集团主导的工业体系—在四十年中一直在赶超日本。其人均收入(用购买力平价衡量)在1970年时只有日本的五分之一，现在已达到日本的95%。在此期间，韩国占全球出口之比从0.3%上升到3%—十分接近于日本的3.6%。

平心而论，两国之间仍存在巨大的不同。韩国在国际影响力和制度质量方面仍落后日本。韩国在世界经济论坛全球竞争力指数上名列第26，而日本名列第六。用与美国之间的平均每工人GDP差距衡量，韩国落后日本20多年。

尽管如此，现实是韩国已经开始经历许多日本在20世纪90年代早期所经历的问题，包括高企的家庭和企业债务水平、劳动力和金融市场效率低下、服务业生产率低下等。韩国生育率为每位妇女生育1.2胎—为世界最低之一—到2050年，其劳动力规模将缩小四分之一，65岁及以上人群将占总人口的35%，而今天只有13%。这将给公共预算造成极大的压力。

如果韩国想要避免重蹈日本的覆辙，就必须采取措施降低家庭和公司债务。它还应该继续实施结构改革以强化劳动力和金融市场、改善制度质量、提振服务业和中小企业生产率。

韩国可以汲取安倍经济学2.0的经验，出色地提供更好的育儿环境，包括灵活的工作环境、价廉物美的儿童看护和困难班服务以及带薪育儿假(父母皆能享受)。金融支持—如为新婚夫妇提供低息贷款—也能刺激结婚率和生育率。

日本失去的几十年突显出必须在经济症候长期化、变得难以治愈之前对症下药的重要性。如果韩国汲取这一教训，并实施正确的政策和改革，那么和日本相似并不一定意味着必须重蹈日本的经济覆辙。

Nerthuz / Shutterstock.com

维护新兴经济体增长引擎

Originally published in *Project Syndicate*, March 16, 2016.

世界新兴经济体似乎正在失去活力。几年前面临全球经济衰退时恢复力满满的国家，如今面临着诸多挑战，反映在GDP增长的大幅降低中。新兴经济体增长引擎熄火了吗？

从2000年到2007年，新兴和发展中经济体年增长率平均为6.5%。更加令人印象深刻的是，从2008年到2010年，当发达经济体陷入衰退或复苏如履薄冰时，它们成功保持了5.5%的增长率。事实上，在这段时期末，平均增长率为相当健康的7.5%。

但随后增长开始放缓，2015年年增长率下降到4%。甚至连最大、最有活力的新兴经济体中国，去年增长率也达到了1990年(6.9%)以来的最低水平，预计今年减速之势还会加剧。如今，许多人认为新兴经济体即将进入增长放缓的“新常态”，它们作为全球经济主要推动力的日子一去不返了。

尽管面临着这些当前的困难，但现在就宣判新兴经济体“死刑”还为时过早。首先，即使这些国家的增长率没有恢复到危机前水平，它们对世界经济的贡献仍然相当巨大，因为它们占世界GDP的比重(用购买力平价衡量)有了显著提升，从2000年的43%增加到2015年的58%。

但新兴经济体还可以做出很多贡献。如果有正确的政策，它们可以释放尚未开发的增长潜力，继续向发达经济体的收入水平看齐。确定必须实施哪些政策的关键是理解一开始增长为何放缓。

首先，新兴经济体受到外部挑战的冲击，包括世界贸易疲软、大宗商品价格低迷和金融条件紧缩。过去四年来，全球商业贸易显著放缓；2015年上半年出现了自2009年以来的首次萎缩。石油和金属价格较2011年峰值水平下跌了50%以上。

此外，美联储货币政策逆转，这意味着姗姗来迟的利率提升，再加上日本银行和欧洲央行的负利率政策，导致金融市场波动，让新兴经济体难逃资本外流。这些外部因素可能是周期性的，但要保持多久仍不得而知。

最近的新兴经济体放缓也是结构性因素的结果。在新兴经济体增长故事的开头，它们的人均收入和长期潜力之间的差距使它们得以迅速完成资本积累，获得强劲的通过技术实现的生产率提升。

但在经历了多年的大规模投资后—特别是中国，这导致产能过剩和资源配置不当—资本积累已经回归平庸。与此同时，随着各国向技术前沿迈进，模仿和适应必须让位给真正的创新—而当创新力仍有所欠缺时，这绝非易事。那么，新兴经济体应该怎么做才能改善前景?尽管适合每个经济的政策组合各不相同，但一些重点是明确的。

一方面，各国必须强化应对不利外部冲击的恢复力，包括强化自身金融体系的措施。要降低面对高波动资本流的脆弱性，它们应该推进汇率弹性，确保足够的国际储备，并实施谨慎制定的资本管制。

过度依赖出口的新兴经济体需要用内需实现增长源的再平衡。公共基础设施投资、改善的投资气候以及社会安全网都有助于刺激私人部门投资和家庭支出。

旨在提高生产率的结构性供给侧政策也应该作为重点。首先，为了强化人力资本，新兴经济体必须完成教育程度进展，并改善教学质量，特别是初中和高中阶段。必要时，教育体系必须进行改革以满足变化的产业需求和技能要求。

其次，必须立刻解决结构瓶颈。这可以通过理顺监管以及采取改革以推进产品市场竞争和增加劳动力、金融和土地等要素市场的弹性和效率实现。新兴经济体必须降低市场准入壁垒，支持企业经营，增加融资便利性。贸易和外国直接投资障碍也必须清除。

最后，新兴经济体必须致力于强化制度。目前，许多新兴经济体腐败横生，拖累了潜在增长。腐败因为复杂繁重的监管环境、低效率的税收制度以及无法保护投资者和财产权利的弱势司法体系而滋生。改善治理和推动法治是提高生产率和长期GDP增长的关键。

新兴经济体增长引擎没有熄火；只是需要保养。如果能有合适的政策和结构改革，新兴经济体能够重新焕发活力，走上更加强大的增长道路—并带动整个全球经济。

dibrova / Shutterstock.com

中国的增长步伐会有多慢?

Originally published in *Project Syndicate*, July 18, 2016.

中国经济在过去几十年中的表现一贯出色。尽管拥有与发达经济体差异极大，沿袭自其共产主义路线的体制，但中国依然在1980年~2015年间成功实现了8.7%的年均人均GDP增长率。其成功的关键再于其独特的“摸着石头过河”战略—逐步测试，实施和调整那些改革和增长促进政策。

但尽管中国的经济发展在许多方面堪称出类拔萃，其增长却并非独一无二的。日本和韩国在经济减速之前也曾通过巨额投资推动下的快速工业化和出口导向政策实现了本国经济的转型。如果中国要应对其当前挑战—尤其是增长大幅减速—的话，就应当参考这些国家的经验。

这三个国家都采取了类似的路径，但所处时期则不同。按人均GDP计，中国落后日本超过40年，落后韩国20年左右。具体而言，日本的年人均GDP增长率在1960年代平均达8.6%，随后在1970~80年代快速下降到3~4%；韩国的GDP增长率从1970~80年代的年均7~8%下跌到2000年的4%；中国持续三十年之久的两位数增长在2010年走到了尽头，目前年均增长不足7%。三个国家的年增长率在人均收入达到8000美元左右就分别开始下降了。

这三个亚洲国家所经历的成长轨迹可以通过“差距收敛”现象来解释—落后国家如果能解决某些结构性和政策性问题，它们的增长往往比发达国家更快。这种“追赶”过程的经济逻辑相当简单：对于人均产出水平较低的国家来说，当前的资本存量和技术与其发展潜力之间存在着较大的差距。

这一差距可以通过采纳和模仿现有技术而带来的高生产率，以及高投资回报下的实物资本积累来迅速缩小。而事实上，日韩中三国在整个追赶过程中都保持了较高的投资水平—1970年代投资占到了日本GDP近40%；1990年代的韩国也达到了类似水平；

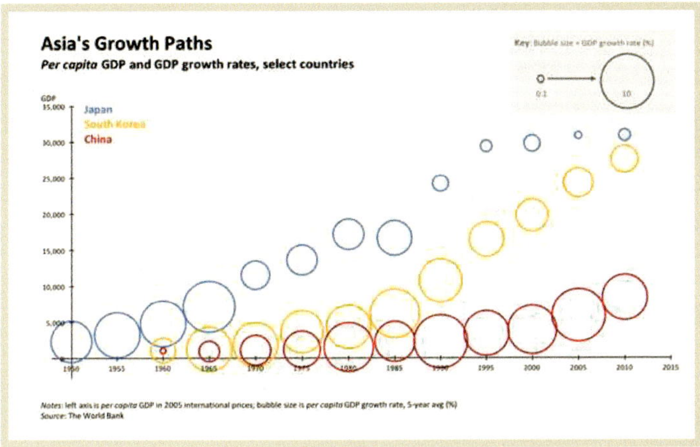

而中国的投资支出目前占到了GDP的45%以上。

随着各国逐渐接近其潜在人均产出水平，收敛的力量也随之减弱，迫使其受益者相应调整自身增长模式。降低投资水平(因为回报较低)是调整的重要组成部分。另一种是加大科技创新，以避免生产率增长大幅放缓。第三个转变是从输出低附加值的农业/制造业产品向高附加值的国内服务业转型。

中国，正如之前的日本和韩国那样，正在实施这一调整。但它面临着严重的障碍：首先是有限的体制和人力资源的潜力一这一约束可能会阻碍国内创新和有效资源分配。由于低生育率和人口快速老龄化，中国也面临着劳动力减少的问题。根据联合国发布的数据，劳动年龄人口数量的平均增长率将在2010~2020年达到-0.1%，相较2000~2010年的1.5%中下降甚多。

此外随着就业转移到服务业，总体生产率增长可能会下降，正如在日本和韩国出现的状况。在中国，服务业劳动者人均国内生产总值增长在1981~2010年间平均仅为1.3%，而制造业则达到

15.1%。

当然，中国不应想方设法去重拾过去的GDP增长率，这将是缘木求鱼之举。正如美国前财长劳伦斯·萨默斯(Lawrence Summers)和美国哈佛大学教授罗伯特·巴罗(Robert Barro)指出，对中国来说经济放缓是不可避免的，日本和韩国。我的研究表明，中国的GDP增长率将在未来十年下滑到5~6%，而从长远来看将是3~4%。

随着其辉煌赶超时代渐成往事，中国应该将目光放在通过稳定增长和较低波动性更高的收入上。为了实现这一目标，就必须特别关注危机的预防和管理，这也是日本和韩国出了问题的地方。

上世纪80年代，日本放任资产泡沫不断膨胀。这虽然能在一段时期内刺激增长，但当泡沫破灭，金融体系的巨额债务立马将经济拖入通缩和停滞的漩涡，而且日本到现在还没有完全脱身。同样，韩国在1997年外国投资者恐慌逃离时陷入金融危机，原本在缺乏监管的金融体系下过度使用杠杆的企业部门纷纷遭受重创。

因为它的立场，中国似乎正在沿着类似的路径前进。按照国际清算银行的数据，中国企业债务额近年出现了快速膨胀，从2008年相当于GDP的99%上升至2015年的166%，在2015年，其中一半以上债务由经营不善的国有企业(国有企业)所欠。这对于企业部门或金融体系都不是个好兆头。

但要改变这一进程还为时不晚。要避免危机，中国领导人必须现在就采取行动，补全企业和金融部门的薄弱环节，改善宏观经济/金融政策框架。为了保持生产力—以及收入—不断上升，中国必须继续实施保持劳动力市场灵活性和人力资本发展的结构性改革，同时推进国有企业私有化并放松对金融部门的管制。

中国会和其邻国一样不得不直面经济增长放缓及其社会后

果。但国家的未来是无法预先设定的。借助正确的措施，它就能实现从中等收入到高收入状态的平稳过渡——这不仅关乎13亿中国人的福祉，也会降低全球经济风险和不确定性因素。

第二部分

经济一体化与合作

Igoror / Shutterstock.com

欧元带给东亚的教训

Originally published in *Project Syndicate*, December 5, 2012.

东亚可以从欧元危机中学到两个宝贵的教益。首先，不要过快推进金融以及货币整合的进程 ；其次，在实施这一切之前先要制定出合适的体制框架。

事实上，由于东亚地区内部的经济和政治状况存在着极大的差异，因此各国都不太愿意在短期内向一个区域性的固定汇率体系或者单一货币联盟推进。或许在几十年后该地区的国家会发展出一套推进财政一体化的体制，例如类似欧盟现在正在创设的那种单一银行监管机构。

但即便如此，亚洲地区的政策制定者们应当携手改善旨在预防和管控危机的合作机制。而其中最有前景的则要数东盟+3—10个东南亚国家联盟会员国加上中日韩三国—所制定的《清迈倡议多边化协议》。这个总额1200亿美元的区域性货币储备池在2010年启动以在紧急关头为成员国提供短期流动性。

东盟+3集团现在正通过将资金池总规模翻倍到2400亿美元来强化该上述协议。集团各成员国同时也同意把即将与国际货币基金组织借款计划挂钩的危机借款最低比例从80%降低到70%来增加协议的灵活性。

清迈协议还需要经过一场危机的检验。在其初创之时，它或许无法足够及时和灵活地提供合适的紧急支持。2400亿美元也相对较少，仅相当于东亚地区GDP总规模的1.5%。欧洲的经验告诉我们大范围额系统性冲击必须要有更大规模的金融支持来应对。

与国际货币基金组织或者欧洲稳定机制(European Stability Mechanism)不同的是，清迈倡议多边化协议的捐款由各国当局自行管理。而各国也可以选择不向货币互换协议提供款项。这意味着在系统性冲击期间或在成员国间发生政治冲突之时该协议都会尤其受到限制。

此外，“国际货币基金组织恶名”依然在该地区的一些国家心中萦绕，因为它们都对该组织在1997~1998年亚洲金融危机宗所扮演的角色感到不满。国际货币基金组织为各国大多数借款所设下的附加启动条件会令各国不愿向清迈协议寻求支持。

另一个挑战就是清迈协议有限的金融监控能力。去年，东盟+3建立了一个区域监察机构—东盟+3宏观经济研究室—来监测区域经济，探测新出现的脆弱节点，并为协议的有效决策提供支持。但还尚不清楚该研究室拥有足够的能力和专业水平去有效监测13个国家。

事实上，东亚国家或许会发现难以对各个国家的政策进行公正的监测并执行坚决的政策实施条件。在欧元区危机之前和期间的希腊就表明让各国对邻国采取强硬往往都是非常困难的。

东盟+3集团必须持续增加其资源，强化自身独立性并优化运作程序。一个全力运作的区域金融安全网可以遏制那些来自单一经济体的金融冲击蔓延开来并防止对该区域关键推动力—区域内贸易和投资—的破坏。清迈协议可以帮助东亚国家减少对积累的依赖，而这种积累其实是一种助长全球不平衡的自保式且成本巨大的储蓄。

利用更多的资源和优化的治理架构，东盟+3宏观经济研究室可以在区域经济监测上扮演一个更加有效的角色，而且也无须承担一个可能由金融安全网相关的道德风险。强化的区域控制还将有利于更好地信息分享和决策，暗示着清迈协议的危机借款中与国际货币基金组织相关的部分能在增强经济研究室能力和表现的同时得到削减。

东盟+3应该致力于将清迈协议在经济研究室的这个得力而可靠的秘书支持下发展成为一个功能全面的区域金融安全网—也就

是一个事实上的亚洲货币基金，而且或许能容纳更多的成员国。但在协议和办公室两者完全成熟之前，它们与国际货币基金组织的紧密合作还是可取的。事实上，在2011年11月的嘎纳G2峰会上，领导人们都对国际货币基金组织和区域性金融协议之前的合作原则表示同意，其中就包括公开的信息分享和联合行动。

尤其是，国际货币基金组织和东盟+3金融协议应该建立一个长期性的对话渠道来促进信息交流并起草一份关于合作和任务合理分配的具体指引。制定建设性且有效的指引将有助于防止出现欧元危机期间我们在国际货币基金组织，欧盟和欧洲央行之间所看见的那些冲突和误会。考虑到亚洲的“国际货币基金组织污名”，一个可以在不预设政策前提的情况下向合资格的成员国提供预先信贷额度的联合援助实体将非常有用。

除了欧元区危机之外，亚洲国家也应当在本区域1990年代的危机中的得到教训，认识到对跨境资金流的有效管理需要构建完善的国家，区域和全球应对措施。为了有效应对危机，亚洲国家必须继续优化区域金融安全网络和监察机制，同时强化自身与国际货币基金组织的合作。

retrorocket / Shutterstock.com

亚洲的金融安全网

Originally published in *Project Syndicate*, November 12, 2013.

新兴经济体面临着极大的不确定性和严重的下行风险。而这种不稳定局势的一个主要来源则是美联储扩张性货币政策发生逆转的可能性—这一预期导致了全球金融市场动荡并威胁和破坏了新兴经济体的增长。

美联储已经暗示，只要失业率依然高于6.5%而通胀预期保持稳定，联邦利率就将维持接近零的水平。但美联储将何时和如何收紧货币政策仍不明朗。可以肯定的是，在作出决定时，美联储将不考虑其政策对世界其他国家的溢出效应，任由受影响国的政策制定者和中央银行自行应对。

美国收紧货币政策可能加剧全球信贷短缺，从而增加亚洲经济和金融系统的压力。市场参与者的过度反应和羊群行为可能会引发资本流入的突然逆转，美元严重短缺—正如1997年和2008年发生的那样—将使亚洲各国银行和企业承受巨大压力。

这些风险解释了为何美联储可能采取行动减少购买长期资产(所谓定量宽松)的暗示会导致今年夏天新兴市场货币和资产价格暴跌。而它们也同时令人意识到亚洲经济体需要加强金融安全网。

2008年全球金融危机暴露出国际货币体系的根本缺陷，正是由于该体系未能保证足够流动性，从而拖累了亚洲新兴经济体。从那时起，这些新兴国家采取措施维护金融体系稳定以对抗动荡的外部冲击，加强金融监管，并制定更有效的宏观经济框架，包括更好的宏观审慎监管和资本控制措施。但它们对国际贸易和资本流动的依赖意味着自身仍然容易受到美国严重金融溢出效应的影响。

此外，自1997年亚洲金融危机以来，亚洲新兴经济体已经增加了其持有的外汇储备，如今储备量已经占到世界总量一半以上。世界十大外汇储备国中的七个在亚洲。但囤积的国际储备主要是低收益的短期美国国债形式，不但昂贵，而且低效。

一些亚洲经济体，尤其是中国，也在尝试货币国际化。鉴于中国不断扩大的全球影响，人民币崛起为一个新的国际货币是不可避免的。然而，对于较小的经济体，国际化将更为困难。

为了确保有足够的流动性，亚洲经济体也积极推行货币互换事宜。自2008年以来，中国已经签署了23个双边货币互换协议，其中包括韩国。在全球金融危机时，日本扩大与亚洲邻国的双边货币互换政策。东盟十国，以及中国，日本，韩国，已经建立了一个2400亿美元的区域外汇储备库，能在紧急情况下向成员国提供短期流动性。

这种互换协议应该能够帮助亚洲国家应对美联储政策逆转之后的货币动荡。但它们仍未经测试，由于其规模相对较小，无法让市场安心或为危机中的国家提供足够的紧急支持，尤其是在遭遇大规模系统性冲击的事件之中。

美联储作为事实上的全球最后贷款人，可以在政策逆转过程中通过与新兴经济体央行建立货币互换机制，从而显着提高亚洲金融安全网的有效性。

2008年，美联储与十个发达经济体的中央银行建立了货币互换机制，其中包括欧元区，英国，日本，瑞士，和四个新兴经济体(巴西，韩国，墨西哥，新加坡)。这些机制主要为了应对短期信贷市场的压力以及提高危机期间的流动性，并大部分在2010年底结束。其中韩国中央银行300亿美元的货币互换尽管金额有限，却也避免了韩元遭到冲击。

重建美联储与新兴经济体的货币互换机制将减少货币政策逆转过程中产生的负面溢出。即使美联储宣布愿意这样做，但距离让市场确信新兴经济体能够避免流动性危机还有很长的一段路要走。

互换额度也将为美国利益服务。毕竟，新兴经济体的问题会动摇全球经济，威胁包括美国在内的发达经济体脆弱的经济复苏。而且，考虑到中国的崛起，在亚洲保持经济力量均衡显然符合美国的利益。

批评家可能会举出流动性支持产生的道德风险问题。但一个设计良好的框架，只为合格的新兴经济体提供互换额度—并且仅仅是暂时的—将大幅减少这种风险。

事实上有一些专家，如经济学家埃德温·杜鲁门(Edwin Truman)，提出了建立一种全球互换机制作为一个更积极有效的危机预防机制—这是一个20国集团应该考虑的方案。但建立这样一个系统需要时间。而与此同时，美联储应主动与发达经济体和新兴经济体重新建立货币互换额度。

Evlakhov Valeriy / Shutterstock.com

朝鲜准备开门迎客了吗?

Originally published in *Project Syndicate*, January 16, 2014.

朝鲜的整个体制正在崩溃。该国目前面临着严重的能源紧缺，经济自1990年以来一直陷入萧条，人均收入估计只有1800美元，仅仅相当于韩国的5%。与此同时，食品短缺导致2400万朝鲜人只能忍饥挨饿，平均每1000名新生儿中就有超过25名夭折，相比之下韩国只有4名。为了找条活路，这个世界上最为集中也最为封闭的经济体只能对外开放。

一个更具活力也更加繁荣的朝鲜—再加上朝鲜半岛的和平与稳定—不但有利于朝鲜自身，也有益于周边国家以及更广泛的国际社会。毕竟朝鲜的突然崩溃或者半岛内部的军事冲突将破坏区域安全，而周边国家也会遭到大量难民涌入，以及数以百亿计的重建成本。

这应当促使国际组织和各邻国向朝鲜提供所需的食品援助，技术支持和直接投资来使其摆脱当前的困境并实现向市场经济的转型。但这类合作的实现依然存在着极大障碍—不仅仅是朝鲜晦涩神秘且无法预测的政治走向，最近金正恩处决其姑父张成泽这样的事件就是一例。

好消息是朝鲜的领导层似乎明白到当前问题的根源是其极端低效率的经济体制。在最近的几次讲话中，金正恩强调要实施经济改革和开放政策以发展农业和劳动密集型制造业。

与此同时，为了吸引外国投资，朝鲜政府宣布要新建14个经济特区。为了自保，朝鲜军政领导都愿意支持这一举措，只要这不影响到他们的权力或国家安全就行了。

朝鲜在1984年正式开始对外国投资者开放，当时朝鲜政府看到了中国在这方面的成功，并颁布了类似的《外国合资企业法》。到1993年，朝鲜维持这一方针并建立了罗津-先锋特别经贸区。但这些这些举措却并未收到明显成效，因为外国投资者都不敢在这个缺乏经济政策可信度并且没有足矣支撑大规模项目的物质和体制基础的国家投资经营。

朝鲜当前应该仿效越南和中国的做法，力求实现放松管制，自由化，私有化和稳定宏观经济的改革，同时建立一个新的司法系统和新体制。这些以市场为基础，外向型经济政策才是实现长期经济发展的前提。

朝鲜很显然不缺乏增长潜力。虽然该国缺乏中国和越南那种刺激改革生成的农业基础，像天然良港和丰富矿产资源这类地理政治优势使其有能力去追求出口导向型发展。

此外，相对充裕的高素质工人意味着低初始工资水平以及在劳动密集型制造业中的国际竞争力—例如在鞋类，纺织服装和电器组装方面—而这都将为出口导向型工业化进程打下基础。最后，大部分朝鲜军事人员(目前占总劳动人口的超过8.5%)都可以投入到更加由建设性的活动当中。

一旦这些相关条件得到满足，朝鲜就可以充分利用这一“追赶”效应，进一步推动增长，因为其较低的人均收入水平有助于增加投资投产率并促进来自更发达经济体的技术转移。

这意味着朝鲜各邻国—尤其是韩国和日本—可以扮演一个极为重要的角色。但截至目前，开城工业园这个有5万名朝鲜员工在韩国管理下运作的项目是朝韩两国唯一的合作成果。

朝鲜和韩国是天然的贸易伙伴。在2012年，两国间贸易额达到近20亿美元—仅为韩国总贸易量的2%，但相当于朝鲜方面的29%。依照经济学家马库斯·诺兰的统计，正常化的贸易关系可以将韩国占朝鲜贸易的份额提升到60%。

通过对经济改革和开放的坚强承诺—以及国际上的大力支持—朝鲜可以仿效出韩国这类东亚经济体的成功故事，并在未来数十年间实现年均超过5%的增长。

但这对朝鲜当前境况的好处要多于对其经济。该国已经与国际社会陷入了僵局，后者希望它能去核化并成为一个“正常”国家。但朝鲜又不愿放弃其核计划，也因此遭遇了美国的经济制裁，像世界银行和国际货币基金组织这类机构的官方援助和会员资格都被搁置。

考虑到朝鲜对去核化的抗拒程度，至少在短期之内我们需要一个替代方案。国际社会，尤其是韩国，应当通过扩大贸易和投资来支持和协助朝鲜成为一个更为开放更以市场为基础的经济体，同时共同致力于在去核化方面达成妥协。因此而产生的经济繁荣和互相沟通可以随着时间的不断推移最终带来政治方面的变革。

而对那些在当前体制下受苦受难的普通朝鲜人来说，没有比这一转型更迫切的事了。

humphery / Shutterstock.com

中国的新世界秩序

Originally published in *Project Syndicate*, November 12, 2014.

中国，这个世界上最大的出口者，制造者以及国际储备资产持有者，已经随时准备在今年取代美国成为世界上最大的经济体(以购买力平价计算)。如今该国正利用其不断膨胀的政治影响力来重塑全球经济治理。事实上，中国遵循邓小平“韬光养晦”指示的日子早已一去不返了。

在数十年如一日积极参与国际经济机构—包括G20，国际货币基金组织，世界银行，世界贸易组织—的运作之后，中国开始变得像一个试图创建新世界秩序的修正主义势力。就在上月，中国就和其他二十个亚洲国家签订了一份谅解备忘录，以建立一个新的多边开发银行—亚洲基础设施投资银行。作为对世界银行以及亚洲开发银行的首个关键性体制冲击，该银行正是由中国动议的。

在某种意义上，考虑到对现有国际机构及治理架构的自身内在缺陷—尤其是中国在这些体系中不成比例的跑龙套角色—的广泛讨论，这一转变其实毫不令人感到意外。相比于美国在国际货币基金组织中16.8%的投票份额，以及亚洲开发银行12.8%的份额(日本的该两项比例为6.2%和12.8%)，中国则只有区区3.8%及5.5%。

此外，此外各发达经济体早已把自身的领导权牢牢地根植在这些机构之中。自二战后建立至今，国际货币基金组织和世界银行就分别由欧洲人和美国人把持着。同样，亚洲开发银行是1966年成立以来就一直由日本人担任总裁。

与此同时，像中国这样的新兴经济体如果想要在这些机构中提升自身出资额度(以及地位)的话也是困难重重。而对这些机构的改革虽然已经进行过广泛讨论，却迟迟未能推动。以国际货币基金组织的配额和治理改革为例，G20各国领袖早已在2010年表决同意，如今却依然是一纸空文。

饱经挫败之后，中国最终决定要推动亚洲基础设施投资银行的建立，并自任最大的股东，持有最多达50%的股份。该银行的首任总裁也将由中国人担任，并将总部设在北京。

中国可以借助自身对亚洲基础设施投资银行的巨大影响力来壮大其国际形象，尤其是通过进一步加强与发展中国家的关系。因为许多发展中国家都存在巨大的基础设施投资缺口，急需补足来支撑其长期经济发展。

亚洲基础设施投资银行不仅可以向发展中国家输送更多的资源；而且可以以一种更加契合受资助国需要的方式行事，相比其他建立已久的国际组织来说官僚主义条条框框更少，也更为灵活。

而亚洲基础设施投资银行或许无法做到的则是帮助提升亚洲的经济治理水平—尤其是因为日本，澳大利亚，印尼和韩国这几个GDP总量加起来几乎与中国相等的国家尚未成为银行成员。如果没有这些国家去制衡中国的影响力，或者缺少一个常驻董事会的话，该银行同样也会沦为中国向成员国及受益国强加其意志的工具。

例如，正如前印度外交部长沙希・塔鲁尔(Shashi Tharoor)所指出的那样，中国或许会利用亚洲基础设施投资银行来协助投资建立一条新的丝绸之路，构建一条连接东亚和欧洲的跨大陆及海运交通线。虽然该项目可以为所处区域带来极大的好处，通过推动一体化整合及巩固联系来刺激经济发展，但主要还是为中国的利益服务，协助扩张该国的国际影响力，并减少该国国内东西部地区之间的经济差距。与此同时，这也可能使中国及其邻国之间的地缘政治紧张局势和领土争端进一步恶化。

更宏观的来看，一些发展专家已经对亚洲基础设施投资银行是否能遵照治理及透明度的国际标准，执行银行金融风险防范措施，拒绝与无能腐败政府合作，以及遵循有效程序进行运作而感到担心。他们同时也担心，由于令国际开发融资变得碎片化，亚洲基础设施投资银行可能会极大削弱自身的影响力。

无可否认，中国也在着手应对这些担忧，反复强调新银行的目的是对其他机构进行补充，而非与之竞争。在该银行建立之后，中国国家主席习近平宣称该行“应当遵循多边规则和程序”并学习“现有多边开发机构的优秀运作和有益经验”。

但如果要落实这些声明的话，中国必须积极承诺采取公平和有效率的治理。尤其是应该考虑降低自身的投票份额，构建一个轮值主席机制，并将各亚洲发达经济体纳入到成员国的范围之内。

亚洲基础设施投资银行是一个令人鼓舞的动议。但考虑到中国，其邻国，以及美国在安全，环境和人权事务方面存在的深刻不信任和大量冲突，讨论该动议的成功还为时过早。而中国必须作出必要的让步来令该银行发挥其最大潜力。

中国影响全球治理的手法还是小荷才露尖尖角。唯一希望的，就是它能采取正确的步伐。

Lisa Kolbasa / Shutterstock.com

为实现亚洲世纪而联合起来

Originally published in *Project Syndicate*, November 21, 2016.

毫无疑问，如今亚洲在全球经济中的地位要比以往任何时候都更重要。根据购买力平价计算，该地区目前生产了全球GDP中的约40%。而在最近一次经济危机中，亚洲又贡献了全球GDP增长的一半以上。再加上庞大的人口以及不断扩大的政治影响力，亚洲似乎终于在长期由西方主导的世界舞台上显露出了领头羊的气象。

但现在庆祝还为时过早。美国和欧洲在全球战略影响力方面依然保持着优势，而亚洲各国则面临着重大的政治，经济和安全挑战。

事实上，亚洲的增长势头正在放缓。经过几十年的突破性扩张之后，中国正在奋力实现经济软着陆。日本急于脱离缓慢增长的泥潭并应对人口老龄化。其他亚洲经济引擎—印度，印尼和韩国—都面临着各自的经济和政治问题。整个地区不断扩大的收入不平等，金融不稳定和环境退化都在阻碍着发展。

但问题在于，尽管该地区各国互相依存程度极深，但仍然难以实现集体行动。势力对抗，历史不满和领土争端的持续存在，以及经济和军事力量上的显着差异都对区域一体化造成了实质性障碍。近期中国强硬行动的激增，印度民族主义复兴，以及日本向保守主义的转变都加剧了这些挑战。

但在这个西方国家走向孤立主义的时代—以英国的脱欧公投和美国人选举特朗普为美国总统为标志—区域内的贸易和投资会比以往任何时候都更重要。除了经济效益之外一体化将产生重要的政治效益，令亚洲在国际舞台上更具影响力。为了获得这些好处，亚洲必须减少区域内军事和政治冲突，并制定一套实现区域一体化的长期愿景。

亚洲是世界上其中一些最危险的火药桶的所在地。在东中国海和南中国海存在着武装冲突的危险，而朝鲜不顾美国和联合国的更严厉制裁持续研发核武器和弹道导弹。亚洲国家与国际社会加强合作可以缓解区域紧张局势，并令朝鲜放弃核武计划。

一些区域性架构，包括东南亚国家联盟(东盟)，东盟+3(东盟的十个成员加上中国，日本和韩国)和东亚峰会(EAS)都已经建立。这类架构将对解决冲突并建立一个能够支持区域繁荣和全球领导的和平框架至关重要。

但这只是第一步，因为尚不能明确亚洲领导人是否拥有共同的区域一体化愿景。根据欧洲的经验—从1951年欧洲煤钢共同体成立到1993年欧洲联盟建立—没有必要去匆忙推动整合，但这个过程确实要耗费极大的时间和精力。

也许启动这一进程的最好方法是确定该地区可以在那些领域中率先通过整合获益，并采取一些能带来快速回报的措施。例如，亚洲国家可以走向单一市场，制定有关贸易和劳动者(特别是技术工人)自由流动的共同规则。还有就是发起区域全面经济伙伴关系，目前由东盟及六个合作伙伴(澳大利亚，中国，印度，日本，韩国和新西兰)正在谈判的自由贸易协定将是朝这个方向迈出的重要一步。

鉴于跨境资本流动的脆弱性，亚洲还必须在金融监查，监督和监管问题上采取联合行动以预防和管理危机。一个具体目标应该是提升《清迈多边化倡议》这个总金额达2400亿美元的货币互换安排以及其附属监查机构东盟+3宏观经济研究办公室的职能。另一个应该是建立一个实质上的亚洲货币基金并吸纳更广泛的成员。

应当指出的是，这些努力都不是为了取代现有的次区域，区域和全球机构。相反，通过使亚洲成为更有效和统一的行动者，新的区域贸易和金融措施将能对当前的安排予以补充和加强。

为了实现这一目标，官僚机构和私营部门，包括商界领袖和学术界，都必须积极支持针对一体化的高级别政治承诺。把这种支持汇集起来不会太难。毕竟一体化将有助于交流从有效经济和社会政策到技术和科学见解的种种珍贵知识。

关于区域公共物品的论坛和对话也可以证明是有价值的，因为它们可以促进对包括流行病，自然灾害和环境退化等跨边界挑战的合作。人与人之间的联系也有助于强调亚洲社会的文化共性和共同价值观，以推动在某些国家有所滞后的领域取得进展。

在全球秩序日趋充满不确定性的时候，亚洲应该通过进行更密切的经济和政治区域合作来掌握自己的命运。如果亚洲国家能够为经济共同体和政治联合体制定共同的愿景，那么这个世纪就将是它们的世纪。

Zerbor / Shutterstock.com

必须结束中韩贸易战

Originally published in *Project Syndicate*, March 22, 2017.

韩国决定部署美国导弹防御系统，中国因此震怒。中国领导人担心终端高空区域防御系统(萨德)影响到中国的安全，破坏地区战略平衡，因为它可以监控中国领土上起飞的飞机和发射的导弹。但是，只要韩国对朝鲜半岛的巨大威胁存在一天，中国的反对就毫无意义一并且具有很大的破坏性。

美国和韩国急于在5月9日韩国总统选举之前部署萨德，而中国准备要实施经济制裁，以期迫使下一任总统重新考虑萨德问题。目前，韩国旅游业、消费品、娱乐业都遭受了重创。

中国旅行社纷纷暂停赴韩团队游。中国还以违反安全规定为由，暂时关闭了55家韩国乐天集团旗下的折扣店。乐天集团是韩国第五大企业集团，为萨德系统提供用地。中国媒体发出威胁说，制裁可能扩大到三星和现代等其他韩国公司。

中国非常希望利用其韩国最大贸易伙伴和主要国外旅游客源国的地位(占其外贸的近四分之一)。(去年，中国游客占赴韩外国游客总数的一半，超过八百万人。)

但中韩关系并非一边倒的关系。韩国是中国第四大贸易伙伴，许多中国企业需要依靠韩国提供关键中间产品。事实上，中间产品和资本商品构成了去年韩国对华出口的70%强，其中包括半导体(20%)和显示面板(11%)等关键投入品。韩国也是中国外国游客的第一大来源国。

考虑到这样的关系，如果关于萨德系统的纠纷升级到全方位贸易战，中国和韩国都将蒙受损失。我们在过去曾经见过这样的情况，旷日持久的紧张局面一比如2012年中日钓鱼岛/尖阁列岛领土纠纷一可能严重损害经济和外交关系。目前，韩国正在考虑就中国制裁问题提请世贸组织仲裁，有关部门正在审核中国是否违反了两国双边自由贸易协定的相关条款。

中国和韩国应该保护它们1992年所建立的外交关系。但这要求中国认识到，由于朝鲜的威胁，韩国下任总统不可能取消部署萨德。如果中国继续施压韩国，要求其在萨德问题上让步，唯一的结果将是韩国反华情绪的升级。

好消息是中国当局似乎认识到这些风险，最明显的信号是他们显然在遏制反韩示威。中国领导人知道，实现他们的全球领导雄心要求他们谨守全球去翻，接受更大的责任。在这样的背景下，韩国诉诸世贸组织的举动—以及正式纠纷可能对中国的国际声誉造成的潜在影响—可能让中国领导人的精力集中在遏制风险升级上。

这并不是说萨德系统的部署是不可避免的。如果中国花力气驯服它的保护对象朝鲜，那么韩国所受到的威胁—从而韩国对先进导弹防御盾的需要—就不那么强烈。

但一些中国人将韩国部署萨德与朝鲜的武器计划相提并论。持民族主义立场的中国官方报纸《环球时报》最近刊发了一篇文章，主张如果韩国部署萨德系统，就应该面临等同于令朝鲜感到窒息的中国制裁。

这一观点没有考虑目的的不同。金正恩所领导的朝鲜政权顽固地追求发展核武器和发射核武器的洲际弹道导弹能力。韩国领导人同意部署萨德是为了防守。

中国不应该制裁韩国，而应该增加对朝鲜的经济压力，切断其石油供给。但光靠经济制裁是不够的：金氏政权早已证明它基本上不会为经济制裁所动。因此，中国还需要与美国合作，保持外交方面的努力，达成关于如何稳定朝鲜半岛局势、消除军事冲突风险的共识。

古朝鲜有句老话，介于中国和日本之间的朝鲜半岛是“鲸鱼之间的虾米”，惶惶不可终日。朝鲜战争将半岛变成了大国角力的代理战场，短短三年就导致两百万居民丧生。此后近70年来，朝鲜半岛一直处于分裂状态，如今它可能是全世界最危险的爆点。必须避免新的大型军事冲突—夺走数百万人的生命并制造巨大的难民潮。

巴菲特有句名言：“当潮水退去时，才会发现谁在裸泳。”如果世界大国继续拖延解决朝鲜威胁的时间，很快就会泥足深陷。将在下个月举行会晤的美国总统特朗普和中国国家主席习近平必须共同遏制朝鲜半岛的紧张局面—在他们被发现没穿裤子之前。

第三部分

管理、货币与金融

Project Syndicate

不可抵抗的人民币崛起

Originally published in *Project Syndicate*, May 20, 2015.

今年年底，国际货币基金组织(IMF)将决定是否将人民币与欧元、日元、英镑和美元一起纳入决定其国际储备资产—特别提款权(SDR)价值的货币篮子。中国在努力推进让人民币进入这一货币篮子。人民币应该得到承认吗?

1969年，IMF创造了SDR以补充已有的储备货币，从而为全球金融体系增加流动性。目前，SDR的作用主要仍局限于IMF的操作；其占全球金融市场和央行国际储备的比重可以忽略不计。尽管如此，将人民币加入SDR货币篮子具有重要的象征意义，意味着承认中国全球地位的提高。人民币已是世界贸易和投资的主要货币，在国际金融交易和储备持有量中的比例越来越高。

为了被纳入SDR货币篮子，中国政府放松了资本管制，金融市场自由度大大增加。进入SDR货币篮子需要更进一步，而这，加上人民币成为可投资的全球货币，将让整个世界经济获益。

因此，IMF的最大股东—美国、欧洲和日本—应该欢迎人民币加入SDR货币篮子。但对于这一问题，人们的观点不一，特别是美国不愿意欢迎中国的进入。

2008年金融危机让国际储备体系的不足暴露无遗—根本无法保证为新兴经济体提供足够的流动性，这让美国的不情愿问题更大了。尽管新兴经济体此后累积了更大规模的外汇储备并加强了金融监督和监管，但它们仍很容易受到外部冲击，特别是来自美国、欧元区和日本的冲击。这三个经济体最近都采取了扩张性货币政策；而随着美联储政策的正常化，新兴经济体可能因为全球流动性突然撤回而再次受到冲击。

这一持续的脆弱性反映出全球货币体系改革的集体失败—中国人民银行行长周小川在2009年初就强调了改革的重要性。根据周小川的建议，中国领衔主张转向多货币储备体系，其中SDR和国际化的人民币应该得到更广泛的使用，包括作为各国储备货币。但2010年中国让人民币加入SDR货币篮子的尝试以失败告终，因为人民币无法“自由使用”。

此后，中国实施了一系列改革，增加人民币在外贸和直接投资以及跨境金融投资中的使用。目前，全世界已有十四家人民币清算银行。去年，股市“沪港通”启动，刺激了跨境投资和资本市场发展。中国已经与28家央行签署了双边货币互换协议，包括巴西央行、加拿大银行、欧洲央行和英格兰银行。

今年，中国决策者表态要取消国内银行存款利率上限，从而进一步实现金融自由化，让海外机构投资者更容易进入中国资本市场。中国人民银行也扩大了人民币的交易波动区间，并采取了更加灵活的汇率机制。

拜这些措施所赐，人民币已经成为贸易融资中第二常用的货币(超过了欧元)和国际支付中第五常用的货币。此外，在货币市场交易和官方外汇储备中，人民币也越来越受欢迎。

当然，人民币成为国际储备货币，与美元共享货币全球地位带来的“过度特权”，这可以让中国获得巨大的好处。除了方便地用本币进行国际交易外，中国还可以利用铸币权—因为人所共知不会面临国际收支危机而得到的安全性。

但是，为了实现这一点，中国必须面对巨大的风险。资本账户自由化和人民币国际化会带来潜在波动剧烈的跨境资本流，可能(比如)引发货币迅速升值。考虑到这一点，可以预期中国将继续在一定程度上管理资本账户交易，包括使用宏观审慎政策以及在适当时候采取直接资本管制。

而即使中国成功降低了这些风险，与美元争夺主要全球货币地位也绝非易事。惯性有利于已经获得国际使用的货币，而中国缺少有深度和流动性的资本市场，而这时任何国际储备货币都必须满足的重要先决条件。此外，中国的银行体系仍受到政府的强力控制，在效率和透明度等方面远远落后于美国和欧洲。

但是，如果中国成功地增加资本账户的可兑换性并提高其金融体系的效率，人民币有可能成为新的国际储备货币，成为美元和欧元之外的补充。这将有利于公司和央行，让它们能够实现外汇持仓的多样化。

历史表明，全球货币主宰权的变迁发生得十分缓慢。现在，中国的关注点是成功将人民币进入SDR货币篮子，哪怕比重很小。IMF的大股东应该认真考虑这一点。人民币的继续国际化——更不用说关键性金融改革的继续进步——将有助于建立更稳定和有效的全球储备体系。

anyaivanova / Shutterstock.com

希腊危机的亚洲观点

Originally published in *Project Syndicate*, July 16, 2015.

亚洲国家以一种混杂着嫉妒和幸灾乐祸的心情看待希腊危机。1997年，当它们面临金融危机时，它们得到的援助比希腊小得多，条件苛刻得多。但它们的复苏也远比希腊强劲，这表明不断加码的援助也许并不是复苏的良方。

自危机爆发以来，希腊得到了来自所谓的“三驾马车”—欧盟委员会、欧洲央行和国际货币基金组织(IMF)的巨额融资。2010~2012年的援助方案总规模高达2,400亿欧元(2,600亿美元)，包括来自IMF的300亿欧元，这一数字是希腊的IMF贷款累计上限的三倍有余。最新协议又将给希腊带来860亿欧元。

相反，1997年韩国所获得的援助方案—比印尼、泰国和菲律宾规模更大—总值只有570亿美元，其中210美元来自IMF。与此同时，韩国年GDP为5,600亿美元，而2014年希腊GDP还不到2,400亿美元。

IMF给希腊贷款在很大程度上是出于政治原因。首先，危机爆发时，时任IMF总裁斯特劳斯-卡恩(Dominique Strauss-Kahn)在法国总统选举中领先。更一般地说，IMF主要股东—欧盟和美国在稳定希腊以捍卫法国和德国银行和保持北约团结方面存在重要利益。IMF政策部门前副主管拉赫曼(Desmon Lachman)说IMF是一个行贿基金，在希腊危机中被其政治“主人”所滥用。

平心而论，在希腊造成的经济混乱—拜政府挥霍、官员腐败和普遍逃税所赐—缺失应该给予一些国际援助。而IMF也确实给其希腊贷款加上了条件—包括财政紧缩、私有化和退休金和税收制度的结构改革—其中大部分条件都是解决希腊资不抵债问题不可或缺的措施。但最新的援助协议的条件是最严苛的—比本月早些时候希腊公投所一边倒地拒绝的条件还要严苛。

但援助规模仍然十分巨大，特别是考虑到希腊在实施过去所承诺的改革方面几乎还无进展的情况下。这与1997年的亚洲的情况形成了鲜明对比。

与希腊不同，亚洲的问题不是偿债能力危机，而是流动性危机，其原因是资本流的突然逆转。在韩国，1996年私人资本流入占GDP的4.8%，而到了1997年，出现了相当于GDP的3.4%的净流出。尽管金融系统和公司部门所累积的大量短期债务确实放大了冲击，但助长危机的主要因素是缺少国际流动性、投资者的恐慌性行为和金融传染。

但IMF给亚洲施加的条件比希腊还要严格，包括财政紧缩、货币紧缩和金融重组。其中一些要求显然不是必须的，马来西亚就是明证，它在没有IMF援助的请款下讯速地从危机中复苏。

无论在哪个国家，行动都是暂时性的。一旦信心开始恢复、市场环境企稳，东亚经济体便开始了货币和财政政策扩张和大规模汇率贬值—这些措施e增强了它们的出口竞争力。结构改革，包括立刻关闭金融机构和勾销不良贷款也有助于提振复苏。

比如，在韩国，真实GDP增长迅速从1998年的-6.7%增加到1999年的9.5%。到2003年年中，776家韩国金融机构关门大吉。而当局对改革的强力承诺重塑了投资者信心，私人资本重新流入，外贸重新活跃。

相反，希腊在刺激复苏方面做得一团糟。公债-GDP比例没有如计划那样下降到110%，反而增加到170%。过去六年人均真实收入平均每年下降4.8%。失业率高达26%，年轻人失业率更是高达50%左右。

在这一背景下，毫不奇怪希腊在6月底连15亿欧元都拿不出来，成为第一个无力偿还IMF的发达国家。IMF也终于承认其贷款和政策建议在希腊失败了。

接着，希腊政府要求在减轻条件的情况下给予更多的支持。但是，债权人现在发现，提供更多的资金无法解决希腊的偿债能力的问题。因此，新协议要求希腊政府立即削减退休金、提高税收(从增值税开始)、实现劳动力市场自由化、遵守严格的支出约束。与此同时，债务减记也是不必可少的，一如2012年对私人债权人的“剃头”(haircut)。

许多人质疑痛苦的改革是否完全必要；他们认为，如果希腊重新启用德拉克马，就能实施降息和汇率贬值，从而提振出口拉动型复苏。但是，希腊出口部门规模很小，全球经济也处于疲软状态，强劲复苏是不可能的任务。希腊的最佳选择还是改革。

目前，希腊已经表明它不愿实施痛苦的内部工资调整和外部强加的改革措施。也许在希腊最危险关头达成的最新协议能够成为一个转折点，希腊最终开始积极致力于经济和财政改革。否则，希腊退出欧元区—以及由此造成的社会和经济冲突—将无可避免。

亚洲人民带着同情目睹着西方文明诞生地的坠落。但也许希腊应该从亚洲身上看到，为自己的命运负责的国家才能从最困难的考验中变强。

Project Syndicate

弥合亚洲不断扩大的技能鸿沟

Originally published in *Project Syndicate*, January 14, 2016.

如今亚洲正面临着人力资本的挑战。在过去三十年中，大规模高质量劳动力队伍所带来的明显好处帮助亚洲成为了全球供应链的枢纽—并以此不断向发达经济体的收入和生活水平靠拢。但随着工人越来越难以满足劳动力市场的需求，该地区令人瞩目的发展成就可能会因此受阻。

亚洲拥有很多受过教育的青年工人。但在产业升级和技术复杂度日益提高的时代，从学校获得的知识和技能往往是不够的。其结果是青年失业率，就业不足率和工作不满意度都不断上升。

在整个亚洲地区，有很大一部分工人觉得他们的教育程度相对自己的工作过高或者过低，而雇主常常感叹缺乏合格的毕业生。万宝盛华集团(Manpower Group)的调查显示，2015年有48%的用人单位难以找到合适的人选填补在亚洲的职位空缺，而该比率在2006年仅为28%。与此同时却有许多大学毕业生—包括高达45%的韩国毕业生—在努力四处求职。

尽管亚洲各国国情不同，但在提高技能开发的政策和体系方面存在的一些弱点却是共通的。其中危害最大的是很多国家无法通过职前和在职培训来传授适当的技能。

以印度为例，在2006~2010年间平均只有0.8%的学生于中学阶段参加了正式的技术和职业教育。该国每年有1300万人进入劳动力市场，但官方的技术职业教育及培训系统只有能力培养其中不到1/4的人。在小型和中等规模的企业(SMEs)或者非正规部门工人基本上没机会到该系统受训，对此的公共投入也捉襟见肘。

此外在亚洲，私人企业—也是潜在雇主—的参与缺位进一步导致职业教育与培训系统无力充分应对劳动力市场的变化，从而降低了毕业生的就业能力。在孟加拉，印尼，斯里兰卡，只有不到四分之一的企业会举办正式的内部培训。合资格教师的缺乏和无效治理又令情况进一步恶化。

亚洲各国政府必须想方设法改革自身的教育和培训制度，使职工掌握刺激经济增长和生产率所需的技能 —这才是创造更佳就业职位和更高工资的关键。最重要的是，政府必须将技能获取定为的国家发展政策的核心要件。在这个快速变化的时代，教育和技能培训应当与贸易和产业等政策相协调，这样才能更有机会满足新兴的劳动力市场需求。

此外，普通教育和技术职业教育与培训体系需要进行重组。在许多亚洲国家，正规教育往往过于学术或低质，这不仅损害了毕业生的就业能力，还有他们从进一步职业教育与培训中受益的能力。为了提升效率，中学和高等教育必须培养毕业生具备沟通和团队合作等软技能，以及相关的技术技能。最有效的做法莫过于让教育工作者和雇主结成强有力的伙伴关系，以制定课程标准，创造实习机会，并提供资金资助。

而技术职业教育及培训系统的能力和质量都必须提高。随着各国政府对该体系的监督，协调及监管能力不断提升，实际技能培训应转移到私人部门，从而使得当前由供应为导向的体系向有效满足不断变化市场需求转型。

为此，政府应鼓励公共-私营伙伴关系将关注点放在确定哪些劳动力市场需求未得到满足，制定职业教育政策重点，制定课程标准和国家标准，培养职业教育师资和实施成本分担机制等方面。政府还必须确保包括贫困家庭和农村地区的孩子以及中小企业的和非正式部门的员工这类弱势群体能更有更多渠道去接受职业教育与培训系统的培训。

鉴于提升教育和技能培训体系是亚洲各国共同面对的挑战，各国政府也不应各自为政。更多的知识共享，尤其是在课程开发和教师培训方面，以及互派专家与留学生和提升技术共享，将极大加强各国的成效。此外，改善各国内部和整个地区之间的学生/员工的流动性并提高劳动力市场灵活性将有利于改善技术工人的分布。

在未来的几十年里，亚洲将继续向全球劳动力市场贡献大量工人。这些工人在不断变化的市场需求下的技术精良程度不仅将影响亚洲的运行轨迹，也会使整个全球经济的一个关键因素。

Pablo Prat / Shutterstock.com

货币政策的回归之路

Originally published in *Project Syndicate*, May 17, 2016.

近几年来，主要发达经济体央行纷纷进入从未涉足过的领域。它们对一系列非常规货币政策工具的使用取得了一些效果，也带来了严重的不确定性，世界经济也没有获得充分稳定。现在，是时候回归更加熟悉的政策领域了。

2008年金融崩溃以来，美联储将政策利率减只几乎为零的水平，并采取了所谓的量化宽松，即从公共和私人部门购买长期证券。欧盟、日本和英国央行很快也推出了类似的非常规政策。结果是巨量廉价流动性帮助稳定了金融部门，恢复了股票和房地产价格，也提高了内需。所有这些都有助于遏制金融危机的后果，让全球经济走向复苏。

但这一激进方针尤其局限性。事实上，印度储备银行行长拉古兰·拉詹(Raghuram Rajan)指出，实施多年后，非常规货币政策的收益正在下降，而成本正在上升。意识到这一点，美联储在去年年底结束了量化宽松，并将政策利率提高25个基点。今年美联储可能继续升息，尽管速度和程度仍不确定。

但欧洲央行和日本银行仍决定维持量化宽松计划。此外，它们还采取了负政策利率—即向银行准备金收费—以重振萎靡的需求。毫不奇怪，对通胀和真实产出的影响非常有限。

货币政策是管理通货膨胀的有效途径，也可以在衰退期间提振就业和产出。但是，将利率降到零以下损害了银行资产负债表，降低了它们的贷款能力。结果，该政策没能提高商业投资。即使在低正利率情况下，如果维持很长一段时间，也可能适得其反，助长资产泡沫，导致家庭和公司债务增至不可持续水平。

与此同时，资产购买操作导致主要央行资产负债表规模膨胀至前所未有的水平。现在，央行需要有序缩减规模，但这非常难以管理。

除了国内影响，非常规货币政策还带来了影响深远的溢出效应。特别是，它们发达经济体和新兴经济体之间的金融联系给后者带去了资本流过山车。

首先，新兴经济体遭遇来自发达经济体的巨量流动性流入。巨大的资本流入导致了过热和通胀、资产价格泡沫和货币迅速升值。接着，美联储退出量化宽松又导致资本猛然抽离，带来了金融破坏和货币危机风险。新兴经济体货币当局难以运用可用工具(包括利率、汇率、审慎监管和资本管制)处理这些冲击。

但这还不是全部。由于发达经济体的非常规货币政策还拉低了它们的货币、刺激了它们的出口，竞争性贬值如今已成为你一个实实在在的威胁。如果(比如)日本银行开始大举干预汇率市场，让日元贬值，那么中国人民银行和大韩银行选择货币贬值的可能性也会增加。所有这些都具有高度破坏性，特别是对内外交困的巴西新兴经济体而言。

但是，一些经济学家并不把所有这些因素视为退出非常规货币政策的理由，反而建议欧洲央行和日本银行采取更加夸张的政策：所谓的“直升机撒钱”。直升机撒钱的概念由诺贝尔经济学奖获得者米尔顿·弗里德曼(Milton Friedman)在1969年提出，意指直接向公众分派新印钞票，并且央行承诺永不收回。美联储前主席本·伯南克(Ben Bernanke)指出，货币融资本质上等价于款基减税，由央行承诺购买政府债务。

支持欧洲和日本采取直升机撒钱的著名经济学家包括伯南克、韦勒姆·布依特(Willem Buiter)、克马尔·德尔维什(Kemal Derviş) 和阿代尔·特 纳(Adair Turner)。他们指出，即使这不是理想方案，至少可以助经济一臂之力。对困于高企的公债和赤字的政府来说，这一方案着实 有诱惑力。

但直升机撒钱风险很大。伯南克本人就警告说，这一政策可能破坏央行的长期独立性。此外，它使政府能够不受约束地将财政赤字货币化，并有可能出于政治目的滥用印钞权力。它也未必能取得意料中的效果，撒下去的钱可能只是令某些群体受益。主权和信誉一旦失去，重新获得是十分困难的，因此，央行必须将直升机撒钱作为最后一招。

现实是对宽松的货币政策所营造的飞来横财的依赖可能带来严重的长期影响，特别是如果它们被用来延迟解决基本问题的措施的话。日本首相安倍晋三的经济复兴战略—所谓的“安倍经济学”就是一个例子。该战略计划综合运用货币和财政扩张刺激结构改革。但改革面临着推迟，而就业和产出增长非常有限。

发达国家央行现在应该做的是实施重塑信誉的货币政策，而政府应该专注于实施有效的财政政策和结构改革。关键是，发达和新兴经济体必须进行政策协调，以提振信心、提高增长。这是回归可全球经济持续健康的唯一办法。

上个月，G-20各国财长和央行行长承认了货币政策的局限性，并提出结构改革、基础设施投资和财政政策才是未来增长的关键。但他们并没有用身体力行来支持他们的言论。他们的信誉—以及全球经济—命悬一线。

Sagase48 / Shutterstock.com

驯服财阀

Originally published in *Project Syndicate*, January 19, 2017.

三星公司法定继承人李在镕被刑事起诉是令韩国全国动摇的政治丑闻的最新爆炸式进展。目前，韩国国会已于12月9日投票弹劾现任总统、前总统朴正熙之女朴槿惠。宪法法院有六个月时间裁定她被弹劾下台。如果弹劾成功，接下来几个月就要举行总统大选。

但是，李在镕的被诉表明，此次危机所牵涉到的不仅是总统。丑闻的核心是政客与财阀(韩国家族企业集团巨头)之间藕断丝连的关系。如果政府抓住这一机会改革韩国经济由财阀主宰的结构，就能够改变韩国经济的未来—让它变得更好朴槿惠被控用自己的政治影响力为其长期密友崔顺实牟利，后者被控逼迫财阀向其实际掌控的两家非营利文化基金会注资800亿韩元。她还被怀疑干政，包括部长任命和国事访问等要务，尽管她本人不担任任何官职。朴槿惠被嘲讽是崔顺实的傀儡从某种程度上讲，这并非韩国的新现象。大部分政府都从财阀那里攫取资金，通常还受到检察和税收机关的协助。作为这些资金的交换—这些资金往往被用于耗资巨大的国家工程甚至政治选战—财阀能获得有利的条件，比如廉价银行贷款和有利的监管规则。

这一互惠互利的关系自20世纪60年代韩国经济转型伊始便一直存在。国家的迅速进步被归因于制造业出口的强势，而带来制造业强势的企业只有在正负激励的帮助下才有能力在全球市场上竞争。

朴槿惠之父从1961年开始领到韩国，直到1979年遇刺，他与财阀关系密切，先是帮助财阀在劳动密集型制造业建立比较优势，然后又帮助它们进军资本更加密集的行业，包括汽车、造船、化工等。

如今，财阀贡献了韩国近三分之二的出口—对于世界第六大出口型经济体来说，这绝不是容易的事。三星电子是最大的财阀，贡献了总进口的20%。三星在2016年《财富》全球500强中名列第13，其市值占韩国股市总市值的五分之一。

除了政府支持，财阀的所有权和治理结构也有助于它们的成功。财阀由创始家族掌管，最高管理层能够着眼于长期愿景而非短期利润，也能够迅速调动资源。这一模式的效率在财阀成功地成为美国和日本顶尖企业的"快速追随者"的现象中表现得淋漓尽致。

担财阀的层级制管理结构常常过于僵化，无法纠正糟糕的决策。许多企业集团在1997年亚洲金融危机中破产，它们做了太多无法盈利的投资。

此外，财阀的所有权通常很不透明，交叉持股网络让创始家族能够在只持有少数股权的情况下掌握控制权。李家对三星电子的直接所有权只有不到5%，但控制着集团实际控股公司三星物产—持有三星电子4.3%的股权和三星寿险19.3%的股权—31.1%的股权。三星寿险反过来又持有7.3%的三星电子股权，三星电子也间接投资三星物产和三星寿险。

这一所有权结构在所有权的代际传递过程中问题尤其突出。就像封建王朝，你永远无法保证你的后代能够胜任王位。李在镕最近刚刚接任三星电子副主席。在市场竞争日趋激烈的时代，他必须拿出父辈和祖辈所具备的远见卓识的领导力。其祖父是三星公司创业者，将这家地方性小贸易公司打造成全球半导体和智能手机巨头。

和其他财阀一样，拜中国不断缩小技术差距所赐，三星有可能丧失全球市场。尽管韩国在记忆芯片和汽车等高科技分支上仍领先中国，但在钢铁、造船、制药和电子等许多主要行业上其领先优势正在消失。在新兴市场，三星电子的市场份额已经输给了华为和OPPO等中国智能手机厂商。

在这一高压环境下，去年时任韩国卫生和福利部副部长的文亨杓被控施压韩国国民年金(National Pension Service，NPS)支持存在争议的两家三星集团子公司的合并案，以确保管理控制权平稳过渡到李在镕手中。文亨杓随后出任NPS主席，现因该交易被捕。

李在镕的被诉也与此类行为有关。他被控赞助崔顺实的两家基金会以及资助崔顺实之女以换取他所得到的支持。他还被控贪污和作伪证。(法官裁定发出逮捕令的理由不足。)

韩国政府与财阀做交易，而初创企业和中小企业难以在市场上杀出一条血路。中小企业的劳动生产率只有大企业的35%。而服务业的劳动生产率是制造业的45%—只有经合组织平均水平的一半。

为了为创新型小企业和初创企业营造更加健康的营商环境，财阀主宰的局面必须结束。韩国领导人必须实施强势监管以防止非法交易和不公平行为，包括财阀与政府官员互相勾结的现象。韩国领导人还应该加强少数股东和外部董事权利，以防止创始家族霸占权力。

曾经，有利于财阀就是有利于韩国。但时代已经不同，财阀制度如今已是弊大于利。随着朴槿惠被弹劾，韩国也赢得了一次摆脱其父的遗产的良机。

第四部分

教育与社会

MIND AND I / Shutterstock.com

韩国的未来系于女性

Originally published in *Project Syndicate*, March 20, 2014.

半个多世纪以来，韩国取得了卓越的经济进步，人均收入从1960年的80美元增加到去年的22,000多美元。但由于工作适龄人口数量即将由升转跌(据预测到2050年将减少25%)以及来自中国和其他新兴经济体的竞争日渐激烈，韩国持续增长的潜力正在削弱。为了改善前景，韩国必须追求经济重组改革，强调人力资本一特别是女性一的最大化。

韩国在过去五十年中取得的成功在很大程度上要归功于教育程度良好的劳动力数量的快速增加。从1960年到2010年，中学以上文化程度成年人比例从20%大幅增长至令人印象深刻的97%。通过提振生产率、增加投资回报和促进技术改造和创新，韩国充分的高教育程度工人成为其出口导向型发展政策的基础。

但女性的作用仍没有充分利用起来，有损于整体经济。事实上，韩国的增长战略要起到成效，就必须为女性创造更好的经济机会，这可以通过建立更舒适的工作环境和建立更多样、更灵活的教育制度来部分实现。

值得肯定的是，韩国已经建立了性别相对平等的社会。中学和高等教育中的性别差异以已经非常小；女性获得法律、医药和公民社会等领域的顶级职位的容易程度在近几年也有了很大提升。2012年，韩国还选出了第一位女总统朴槿惠。

但在人力资本回报方面仍存在重大性别差距。根据经合组织的数据，55%十五至六十四岁年龄段的韩国女性参加工作，而发达国家平均水平为65%。相反，韩国男性劳动力参与率为77%左右，接近经合组织平均水平79%。

与其他女性相比，完成中学和大学教育的女性更有可能进入和呆在劳动市场内。高中以上教育程度女性的劳动力参与率为64%，远远高于只有小学或中学教育程度女性的比例(35%)。

但是，即使对韩国教育程度最好、工作能力最强的女性来说，育儿也是主要职业障碍。事实上，二十多岁接近三十岁韩国女性的劳动力参与率与经合组织平均水平相当。问题在于，步入三十岁以后，女性劳动力参与率从71%猛降至57%，因为僵化的工作环境和缺少平价儿童看护服务削弱了她们继续投资于职业生涯的能力。

好消息是朴槿惠政府正致力于改变这一状况。事实上，其2月份公布的经济创新三年计划旨在通过提供平价高质的儿童看护设施以及扩大带薪产假等措施，将2017年女性就业率提高到62%。

但政府如何为女性创造更多工作岗位更加棘手。比如，它可以将全职工作分解为几个兼职岗位，并鼓励员工减少工时。但是，由于韩国劳动力已经包括了较高的非全职比例，增加临时就业可能不会给经济增长带来多少推进。

更好的方针是创造现代服务业的高质量岗位。事实表明，尽管服务业就业占韩国总就业的70%，但其生产率增长率仍远低于制造业。太多的人在传统的低生产率服务业工作，如批发、零售贸易和餐厅等，而通信、医药、金融中介和商务服务等高生产率服务业有欠发展。

减轻女性能力和职业路径之间的不匹配问题也很重要。当前的制度倾向于加强性别角色，顾虑儿童按传统的道路发展，而不是培养他们的个人兴趣、开发他们的个人潜力。

比如，女大学生学习人文专业的比例远大于所谓的“STEM”专业(科学、技术、工程和数学)，而后者才是生产率增长、创新和经济增长的关键推动力。小学和中学的努力有助于在女生中培养更多样化的兴趣，让有才华的年轻女性获得她们所需要的工具，在关键经济部门做出重要贡献。

当然，受过良好教育、拥有强大实力的女性具有推动持续经济增长的潜力的状况并不是韩国所独有的。日本首相安倍晋三也将增加女性劳动力参与率作为振兴日本长期停滞的经济的关键手段。

在韩国、日本和其他国家，开发和最大化女性潜力要求全面的教育和劳动力市场改革，结构性变化(特别是服务部门)也是必不可少的。问题在于政治领袖是否做好了用果断行动支持美好承诺的准备。

humphery / Shutterstock.com

中国的教育革命

Originally published in *Project Syndicate*, May 20, 2014.

过去35年中，中国取得了持续的强劲产出增长，平均每年高达9%以上，这让中国这个指令性农业经济转变为全球经济超级大国。事实上，根据世界银行最新的购买力平价总收入计算，中国即将取代美国成为世界第一大经济体。但是，就增长模式的平等性和可持续性而言，中国还有很长的路要走。

尽管取得了令人瞩目的崛起，但2011年中国的人均收入只有10,057美元(经购买力平价调整)，位居世界第99位，只有美国人均收入49,782美元的五分之一。而达到高收入标准决非易事。事实上，许多国家都尝试过但失败了，最终陷入了所谓的中等收入陷阱，人均收入在越过高收入门槛之前便开始走下坡路。

强大的人力资本是中国摆脱这一命运的关键。但目前中国劳动力缺乏能够支持高科技、高价值产业的技能。改变这一局面需要全面的教育改革以扩展和改善儿童的机会，同时加强成人技能培训。

平心而论，在过去四十年中，中国劳动力质量有了极大提升，这反映在令人瞩目的教育普及度大提高上。小学毛入学率在20世纪90年代就超过了100%，2012年中学和大学入学率分别达到了87%和24%。2010年，70%多的15~64岁中国公民接受国中学教育，而1970年这一比例在20%左右。

此外，中国学生在国际可比测试中表现优异。根据2009年和2012年国际学生评估计划(Program for International Student Assessment)的数据，上海十五岁年龄组学生在数学、科学和阅读能力方面表现在65个国家(其中包括34个经合组织国家)中名列前茅。

中国也从就业的快速增长中获益良多，自1990年以来，每年都有七百万以上工人进入劳动力大军。这加上大量工人从农村来到城市，支持了刺激中国经济崛起的劳动密集型制造业。

但中国的人口优势正在快速消失，主要原因是低生育率和人口老龄化。根据联合国的数据，到2030年，中国工作适龄人口(15~59岁)将比2010年减少6,700万。

此外，教育程度的提高让中国用工要求也有所提高，雇主调查表明，高中和大学毕业生往往缺乏必需的技术知识和软技能。比如，2013年，三分之一以上的受访中国企业表示难以招聘到熟练工，61%将其归咎于一般就业技能的短缺。那么，中国如何实现提高其价值链地位所需要的出口多样化和技术升级?

显然，中国需要改革其高等教育制度，包括技术和职业培训计划。与此同时，中国必须扩展人才获得高质量中学和大学教育的机会，从而减小不同地区和社会群体之间的较高等级教育机会和质量差距。城镇地区农民工子女必须获得完整的受教育权。这些降低教育不平等的措施有助于纠正中国未来经济增长的一个巨大威胁—收入不平等。

所有这些都需要增加教育方面的公共投资。就现状而言，中国的教育公共投资占GDP比重全面低于国际标准，尤其是高中和大学教育。

中国的教育挑战也包括质量方面。教育不足是中国高中和大学毕业生失业增加(更不用说工资溢价减少了)的主要原因之一。这可以通过更好的资金支持、更有效的招聘和薪酬政策以及更分散化的学校管理决策实现。

最后，尽管有证据表明中国存在大学毕业生供过于求的迹象，但持久的人口和部门变迁意味着到2020年，中国将面临2,400万高技能大学和高层次职业学校毕业生的供给缺口。要弥补这一缺口，中国必须升级其碎片化而低效的技术和职业培训计划。

要确保劳动力契合其迅速变化的经济和技术环境，中国必须建立更包容、质量更高的教育体系。若非如此，中国就不可能成为世界第一的经济体。

Amlan Mathur / Shutterstock.com

教育和机会

Originally published in *Project Syndicate*, September 11, 2014.

教育能从根本上推动个人、国家和全球的发展。自本世纪伊始，相关认识就推动众多国家努力实现到2015年普及小学教育、消除教育领域两性差异的千年发展目标。这成就了扩大全球教育机会及提高教育水平的巨大进步。但还有很多工作要做。

毫无疑问，我们几乎实现了普及小学教育的目标。此外，在教育机会和程度上实现两性平等也已经迈出了重要一步。事实上，适龄女童的入学率一直在稳步提高，并且在全球范围内接近男性入学率。结果是成年人口平均受教育年限的差异(被广泛用来衡量教育成就)已经显著缩小。

此外，在2010年，在25岁及以上人群当中，发达国家女性与男性平均受教育年限比率已接近100%，而发展中地区则为85%。但是在撒哈拉以南非洲、中东和南亚很多低收入国家，女性的教育机会仍远远逊于男性，特别是在中学和大学教育阶段。

小学后教育和教育质量方面存在的全球差距依然巨大。在发达国家，近90%15至64岁的民众都至少接受过某种程度的中等教育，而发展中国家这一比例只有63%。同样，虽然发达国家劳动年龄人口33%以上都接受过一定程度的高等教育，发展中国家这一的比例却仅为12%。

学术研究表明人均收入较高、收入差距较低且生育率较低的国家倾向于更多投资于子女教育，其公共支出导致入学率升高。由此得出的合理结论是促进更具包容性的经济增长及改善教育系统能提高发展中国家年轻人的入学率，并使性别和社会群体差距缩小。

但仅仅缩小入学率和受教育年限差距还远远不够。各国还必须确保其教育系统质量—这是今后几十年最主要的难题。

现状是差强人意的教育结果和低效的教育体系正在世界各地

引发深切的忧虑。在很多国家，小学教育未能教会学生认字、算数、解决问题和一般科学知识等恰当的认知能力。

此外，中学和大学教育(包括技术及职业教育培训)的缺陷导致学生无法应对就业市场需求的不断变化。结果很多国家都出现了雇主所需技能与工人掌握技能之间不匹配的状况。

教育质量的巨大差距(往往以学生在国际考试中的成绩来衡量)在国内各地和各国间显而易见。最具国际可比性的中小学生数学、阅读和科学测试结果显示不仅发达和发展中国家间、甚至就连发展中国家之间也差距显著。《国际数学和科学研究趋势》显示韩国在2011年中学科学测试中平均分最高(590)，而加纳最低(306)。

虽然家庭投入和学生的个体才华在很大程度上决定学习成绩，但其他因素(比方说学生享有的学校资源)和师资力量、班级规模、单位生源支出和教学时间等其他各类学校投入起到的作用同样重要。

教育系统的体制特点是决定学生成绩的另一重要因素。民间融资和规则、办学自主权及外部监测和评估机制往往通过改变教师和学生激励机制来影响教育质量。

未来全新信息和通信技术有望通过提供各种创新学习渠道来刺激教育机会扩大并改善国家和全球层面的教育质量。比方说利用新技术建设校际无边界网络可以为低收入国家的学生提供向发达国家教师学习的机会，反过来也同样成立。

当务之急非常明确。全球领导人必须竭力通过增加学校资源、提高教育机构效率和抓住技术创新所带来机遇切实提高教育质量及缩小教育差距。所有这一切可以丰富人力资源成本，而人力资源成本对于提高生产率和收入不可或缺。

事实上，如果上述努力在设计时旨在确保无分性别及贫富人人机会平等，那么必将在促进国家层面社会和谐的同时致使全球经济从中受益。改善教育无论如何也没有任何坏处。

LennonLand / Shutterstock.com

亚洲的全能中产阶级

Originally published in *Project Syndicate*, March 19, 2015.

尽管近期经济仍有不确定性，亚洲的中产阶级却在快速成长。未来几十年，该新兴细分人口群体将成为地区经济政治发展的基石，对世界其他国家也将产生显著的影响。

据经合组织估计截止2030年全球中产阶级(定义为按2005年购买力平价计算，每人日均开支达10~100美元的家庭)将膨胀至49亿人，而2009年还仅有18亿的规模。其中的三分之二将居住在亚洲，2009年上述比率仅为28%，其中最大部分居住在中国。事实上，如果中国推行保持经济快速增长所需的结构改革和技术升级，相比于2009年的仅1.57亿，到2030年那里的中产阶级人口将达到10亿之多。

亚洲中产阶级的快速崛起将为国内国际企业创造新的市场机会，进而催生影响深远的经济变革。该地区对耐用消费品的需求已有所增加，中国已成为全世界最大的汽车和手机市场。但随着发展中国家中产阶级购买力赶上发达国家，奢侈品和技术产品的消费仍有很大余地。

上述融合将助力持续性更强的经济增长，亚洲经济围绕国内需求、尤其是居民消费实现再平衡，从而不那么容易受到外部冲击。鉴于全球经济危机爆发后出口需求下降，上述转变真可谓恰逢其时。而且也不仅亚洲会从中受益；随着地区进口增长，全球贸易失衡状况将有所缓和，从而提高全球经济增长的可持续性。

事实上，亚洲不断壮大的中产阶级将把这座全球著名的制造业中心转变为消费重地。随着需求不断攀升，不仅亚洲会创造出更多更好的就业机会，全球范围内的供应链及整个生产网络也将会从中受益。

繁荣之后教育和医疗升级随之而来，有望通过提高生产力推升长期经济发展水平。中国的现有状况将发生显著改变，尽管数十年来已经在降低新生儿死亡率和提高受教育程度方面取得了长足的进步，但那里的贫困家庭儿童，特别是在农村地区，仍缺少营养和学校教育。

有了高质量的教育，亚洲正在崛起的中产阶级会要求更高质量的公共服务。对国内政治制度和体制结构信心增强再加上更宽广的晋身空间将有助于加强法治。妇女会得到更多的学习和工作机会，从而缩小性别差距。

最重要的是，中产阶级崛起很可能伴随对政治自由和公民权利需求的不断增长，进而推动民主化进程。事实上，对十九到二十一世纪大量国家样本的考察显示受过良好教育的富裕民众—特别是女性—尤其是在那些欠发达国家，能够催生出对政治的更多参与和对民主的更强支持。

在西方，随着市场发展在削弱地主权力的同时增强劳工和中产阶级权力，资本主义和民主携手取得了长足进步。通过积极参政、在理性自利的基础上进行投票以及培养抵制独裁所需的节制感，中产阶级极大地推动了民主进程。同时，与中产阶级崛起相关的民间组织成长防止国家机构垄断政治资源。

在亚洲，韩国也经历过类似的发展，经济的快速增长催生了庞大的中产阶级，进而在20世纪80年代推动了民主化的崛起。中国或许过不多久就会重复这段历史。

鉴于庞大中产阶级的可观价值，亚洲各国应通过改善医疗保健、升级基础设施、投资大学和技术培训以及缩小收入和教育差距来对其进行培育。此外，应建立或加强社会安全网，以此来促进消费增长(目前仍受制于预防性存款)，协助保护中产阶级抵御负面冲击。

最后，以强化法治、促进贸易和实现健全宏观经济管理为目标的公共政策对保持经济发展至关重要，并以此确保低收入家庭能持续拥有晋身余地。这是保持中产阶级不断扩张及经济增长良性循环的关键因素。

szefei / Shutterstock.com

韩国能生更多婴儿吗?

Originally published in *Project Syndicate*, September 23, 2016.

韩国正面临严重的人口挑战。总体生育率(每位妇女生孩子的数量)仅2.14，位居世界最低行列，也远远低于不需要移民就可以维持人口规模的水平2.1。结果，韩国人口迅速老化，而政府尽管使出了浑身解数，却束手无策。

低生育率是工业化国家所面临的共同现象。韩国经济繁荣之前—从前韩国人认为孩子越多越安全—生育率要高得多，1960年前平均达6以上。但是，随着韩国经济的发展，育儿成本的提高，女性劳动力参与率的上升，生育率显著下降，20世纪80年代降低到2以下。

一开始，生育率下降对经济有利，因为家庭能存更多的钱并投资于孩子的发展。2015年，女性大学就读率达到了81%，而1980年只有6%。但劳动力主力大军的减少最近开始制约经济增长，并有可能让公共退休金系统不堪重负。

韩国政府进行了一系列措施试图刺激生育率，从而解决这一挑战。最新方案包括增加产假、第三个孩子优先在公共育儿机构注册、生育医疗补贴等。

但这些措施是否能提高生育率颇可怀疑，原因很简单：它们无法充分消除导致韩国人推迟或放弃要孩子的沉重的经济障碍。

这些障碍之一是教育成本。韩国家长愿意投入重金为仅有的孩子提供最好的发展机会。2015年，他们花了可支配收入的近7%用于小学和初中家教。他们还花费巨资让孩子上大学，而上大学早已不是出人头地的保证。事实上，韩国大学教育私人支出为经合组织国家中最高的之一，甚至比美国还高。这让很多孩子的家长不堪重负。

对许多韩国年轻人来说，拜住房成本和年轻人失业率等因素所赐，如今连结婚也未必结得起，即使是大学毕业生也是如此。

韩国新人数量从1996年的435,000人下降到2015年的302,800人。韩国非婚生比率只有2%，因此这一趋势严重影响了生育率。

女性所面临的的提高生育率壁垒最为严重。普遍的性别不平等以及缺少平价品质儿童看护服务让许多韩国女性在婚后或产后退出劳动力大军。

男性工作时间漫长又缺乏弹性，女性承担了大部分家政责任。2014年的调查表明韩国女性平均每天要花3小时28分钟用于家务和家政，而男性仅为47分钟。2015年男性产假只占总量的5.6%。

新措施旨在提高这一比例，但还不够。毕竟，女性不但难以安心完整的休产假；许多人在产后彻底退出了工作。许多人并不想这样。韩国工业联合会的一份最新调查显示，38%的单身女性受访者称自己不想要孩子，大部分是因为担心要了孩子就无法胜任工作或失去工作。只有三分之一的受访者对政府刺激生育率的措施持肯定态度。

韩国政府必须采取更加全面的方案，以降低一些育儿壁垒为目标。特别是女性需要更大的支持，从而让她们不必面临职业和家庭的二选一问题。关键是采取灵活的工作安排、构建更加包容的公司文化，以及确保育儿服务(包括公共和私营服务)的普及。在这方面，引入外国家政人员和儿童看护人员将大有裨益。

韩国对于授予外族人永久居留权仍然十分保守。但现实是，在育儿和家政市场服务普及的发达经济体中，教育程度较高的女性倾向于要更多的孩子，特别是当她们年纪较大时。

比如，日本成功地将其极低的生育率—2005年达到1.26的最低值提高到了2015年的1.46，他们的办法是持之以恒地降低育儿成本和改变公司文化。为了保持这一复苏势头，日本最近决定采取措施吸引更多外国家政人员。这些变化体现了日本首相安倍晋三阻止日本人口下降到1亿以下的承诺。

即使外来家政工作者没有提高生育率，也可以让更多女性在要了孩子后继续工作。比如，新加坡家庭常常雇用来自包括菲律宾和印尼等邻国的住家保姆来做家务和看孩子。尽管新加坡生育率只有1.3—为全世界最低之一—但这一政策让新加坡得以吸引外国人才填补人口空白和维持经济。

在某种程度上，人口变化是难免的，其变革性经济影响亦然。但政府可以采取措施影响人口趋势，遏制消极效应。如果韩国营造出家庭能够快乐生活和工作的环境，那么家庭会变得更大。

ARI Monograph Series 26
亚洲世纪, 如约而至?
Is This the Asian Century?

First Published 2017
by The Asiatic Research Institute at Korea University
145 Anam-ro, Seongbuk-gu, Seoul 136-701, Korea
www.asiaticresearch.org

亚研东北亚丛书 26
亚洲世纪, 如约而至?
Is This the Asian Century?

1版1刷 | 2017年 6月 12日

作　者 | 李钟和
发行人 | 李钟和
发行处 | 亚研出版部
登录 | 2000年 5月 24日 第6-376号
住所 | 서울市 城北区 安岩路 145 高丽大学校 亚细亚问题研究所(02841)
电话 | 02-3290-1600　fax | 02-923-4661
http | www.asiaticresearch.org

价格 9,000韩元

ISBN 978-89-90769-87-9 94300
ISBN 978-89-90769-29-9 (set)

이 도서의 국립중앙도서관 출판예정도서목록(CIP)은 서지정보유통지원시스템 홈페이지(http://seoji.nl.go.kr)와 국가자료공동목록시스템(http://www.nl.go.kr/kolisnet)에서 이용하실 수 있습니다.(CIP제어번호: CIP2017012854)